CYNNWYS

RHAGAIR

Ar hyd y canrifoedd, mae'r stori am Iesu wedi ei throsglwyddo o genhedlaeth i genhedlaeth mewn gwahanol ffyrdd - y stori a'r hanesion yn cael eu trosglwyddo ar lafar ac mewn gair. Geiriau olaf Iesu wrth ei ddisgyblion oedd, 'Ewch, gan hynny, a gwnewch ddisgyblion o'r holl genhedloedd... a dysgu iddynt gadw'r holl orchmynion a roddais i chwi.' Ers hynny mae disgyblion a dilynwyr Iesu wedi ceisio bod yn ufudd i'r gorchymyn hwnnw, gan rannu'r stori mewn gwahanol ffyrdd. Yn nyddiau cynnar yr Eglwys Fore, ar lafar y rhannwyd y storïau rhyfeddol, nes i rywrai roi'r cofnod o fywyd Iesu a'i storïau rhyfeddol ar gof a chadw i ni. Yn yr Efengylau mae gennym gyfoeth o storïau sy'n dal mor fyw heddiw ag y buont erioed, gyda'u neges yr un mor berthnasol. Fodd bynnag, mae dull y cyflwyno wedi amrywio ymhob cyfnod, o'r ddrama a'r anterliwt, y dramâu roc a cherddorol i'r theatr stryd.

Yma ceir casgliad o sgetsys - rhai ohonynt yn adrodd storïau am Iesu, ac eraill yn ailadrodd rhai o'r storïau mwyaf cyfarwydd a adroddwyd gan Iesu, er mwyn dysgu i'w ddilynwyr neges yr efengyl.

Yr un yw'r gobaith heddiw - y bydd y sgetsys hyn yn fodd i gyflwyno Iesu i genhedlaeth newydd o blant ac ieuenctid, a'i gyflwyno fel person real a pherthnasol i'n hoes ni. Dyma gyfrol sy'n addas ar gyfer yr ysgol a'r ysgol Sul ac, yn wir, ar gyfer yr oedfa, gan roi cyfle i bobl ifanc gyflwyno'r hanesion pwysig hyn i gynulleidfa ehangach.

Diolch i Catrin Roberts am baratoi'r sgetsys hyn, ac am y cydweithio rhyngom a phwyllgor beibl.net, sy'n darparu adnoddau Cristnogol ar y we ar gyfer plant ac ieuenctid. Diolch hefyd i'r Cyngor Llyfrau am nawdd i ariannu'r project hwn, ac am eu gofal wrth olygu'r testun.

Pum Morwyn Briodas

Cefndir Beiblaidd: Mathew 25: 1–14

Cymeriadau: 5 merch ifanc mewn dillad smart, bagiau llaw, sodlau uchel, colur etc

(Y merched yn dod i'r llwyfan yn edrych yn ddiflas.)

Merch 1: Wel. Dyna ddiwedd ar hynna.

Merch 2: Dydy hi ddim yn deg! Sut oedden ni i fod i wybod bod Dafydd yn mynd i gyrraedd?!

Merch 3: Roedd o'n benderfynol o'n twyllo ni i feddwl na fyddai o yma tan y bore.

Merch 4: Bron i fi neidio allan o 'nghroen pan waeddodd y *best man* 'i fod o'n dod.

Merch 5:   A finnau. Roeddwn i wedi dechrau pendwmpian.

Merch 2: Pendwmpian? Roeddet ti'n chwyrnu fel mochyn!

Merch 5: Fi? Nac oeddwn. Dydw i ddim yn chwyrnu.

Merch 3: Wyt, ac nid fel mochyn – ond fel *JCB*!

Merch 1: Stopiwch! Rydyn ni'n colli cyfle i fynd i'r parti – dyna beth sy'n bwysig.

Merch 4: Roedd y pump arall yna yn *mean* iawn, yn gwrthod rhoi benthyg olew i ni. Roedden nhw'n gwybod bod dim hawl gennon ni i fod allan yn y stryd heb lamp yn ystod y nos.

Merch 5: Oedden. Ac roedden nhw'n gwybod y byddai'r drws wedi cau erbyn i ni fynd i brynu olew. Roedden nhw'n gwybod y bydden ni'n cael ein cloi allan.

Merch 1: Isio cael y cyfle cyntaf hefo'r *hunks* sydd yn y parti oedden nhw.

Merch 2: Doedd dim digon o amser i brynu olew cyn y briodas. Roedd yna bethau pwysicach i'w gwneud.

Merch 3: Oedd. Chwilio am ddillad ac esgidiau. Cael gwneud ein gwalltiau. Cael *manicure* a *facial*.

Merch 5: Ie. *(yn gas)* Mae'n amlwg fod y pump arall yna heb wneud hynny. Welsoch chi eu ffrogiau nhw? A'r lliwiau! Digon i roi diffyg traul i rywun.

Merch 1: Maen nhw angen help Trinny a Susannah. *What Not To Wear* go iawn!

Merch 4: Roedd Rebecca'n edrych fel rhywun yn diodde o frech yr ieir. Sbotiau ym mhob man!

Merch 3: Ac i ble aethon nhw i gael gwneud eu gwalltiau? Siop Ben Hur yn lle Ben Hair!

Merch 2: *(yn stampio'i throed mewn tymer)* Dydy hyn ddim yn deg! Rydyn ni i gyd yn edrych yn ffantastig – ond dydyn ni ddim yn cael mynd i'r parti. Colli wythnos o ddawnsio a bwyta ac yfed ... a pham? Y cyfan oherwydd y merched hunanol yna!

(Merch 2 yn symud i ochr y llwyfan, ac yn mynd ar flaenau'i thraed – yn trio edrych drwy ffenestr. Cerddoriaeth uchel am ychydig?)

Merch 1: Beth sy'n digwydd, Babs?

Merch 2: Mae hanner y bobl yn dawnsio a'r gweddill yn bwyta. Mae yna *chocolate gâteau*, *pavlova* mefus a *profiteroles* ar y bwrdd.

(Y 5 arall yn gwneud synau fel Mmmm! O!, llyfu gwefusau etc)

Merch 4: Trueni na threulion ni ryw hanner awr i brynu olew, yn lle treulio cymaint o amser yn y bwtîc 'na.

Merch 1: Ond wedyn fydden ni wedi methu prynu'r ffrogiau ffantastig yma!

Merch 4: Beth ydy pwynt cael ffrogiau grêt yn y fan yma, pan mae'r parti priodas ... a'r *profiteroles* ... fan acw!

Merch 3: Wyt ti wir yn meddwl ein bod ni wedi gwneud camgymeriad?

Merch 4: Ydw. Fyddai'n well gen i fod *yn* y parti. Rydyn ni wedi colli cyfle.

Merch 2: Ie. Lle cynnes – rydw i'n rhewi. *(rhwbio'i breichiau)*

Merch 5: Dawnsio a gwrando ar Bryn Fôn yn canu ...

Merch 3: *Mousse* eog, *caviar*, *samosas* ...

Merch 4: *Pizza* ...

Merch 1: *Pizza?*

Merch 4: Ie, *pizza, pâté, pavlova, Black Forest gâteau, trifle* ...

(Pawb yn ei dro yn enwi rhywbeth e.e. After Eights, Ferrero Rocher, Champagne, Perrier etc, ac yn mynd yn fwy trist a siomedig, y llefaru'n arafu, ac yn raddol yn dod i stop.)

Merch 1: Trueni nad oedd ganddon ni ddim olew ...

Merch 2: Trueni nad oedden ni'n barod ...

Merch 3: Trueni nad oedden ni wedi paratoi ...

Merch 4: Trueni ein bod ni wedi cysgu ...

Merch 5: Trueni am bopeth!

(Distawrwydd a rhewi. Ar ôl saib, pawb yn gadael mewn distawrwydd. Yna clywir cerddoriaeth ddawns am ychydig funudau.)

Y Wledd Briodas

Cefndir Beiblaidd: Mathew 22: 1–14

Cymeriadau: Person 1 a Pherson 2, wedi'u gwisgo fel *bouncers* clwb nos
(siwtiau tywyll, crys gwyn, sbectol dywyll etc)
Darllenydd

(Y ddau berson i'r llwyfan – yn sgwario'u hysgwyddau ac yn edrych yn 'tough'.)

Person 1: Dyna ddiwedd ar ddiwrnod da o waith.

Person 2: Ie. Ond mae o wedi bod yn ddiwrnod od iawn.

Person 1: Ydy. Welais i erioed briodas o'r blaen lle gwrthododd y gwesteion ddod i'r wledd!

Person 2: Yn enwedig gwledd briodas mab y brenin! Mae angen testio pen y bobl yna. Meddylia! Gwrthod cyfle i ddod i'r palas, a mwynhau'r bwyd a'r ddiod orau yn y wlad.

Person 1: Pawb yn rhy brysur, medden nhw.

Person 2: Rhy brysur, wir! Ond dyna ni, fyddan nhw ddim yn gwneud hynna eto.

Person 1: Fyddan nhw ddim yn gwneud dim am amser hir, ar ôl i'r *M5* ddal i fyny hefo nhw!

Person 2: *MI5*, y twmffat!

Person 1: Y?

Person 2: *MI5*, nid yr *M5*. Ffordd ydy'r *M5*.

Person 1: O!
(saib)
Rhyfedd ein bod ni wedi gorfod mynd i chwilio am bobl i ddod i'r wledd. Fel arfer, cadw pobl allan ydy'n gwaith ni!

Person 2: Faint o bobl lwyddaist ti i'w perswadio i ddod i'r wledd?

Person 1: Dim ond pedwar. Rhedodd pawb arall i ffwrdd wrth fy ngweld i, am ryw reswm.

Person 2: Wel, dydw i ddim yn synnu! Mae mynd at bobl yn dal gwn yn dy law a dweud bod yn rhaid iddyn nhw ddod hefo ti yn siŵr o godi ofn!

Person 1: Ond llwyddon ni i lenwi'r neuadd, yn do?

Person 2:   Do. Mae'n siŵr gawn ni fonws gan y brenin.

Person 1:   Ac yn y diwedd, cawson ni gyfle i daflu rhywun allan hefyd.

Person 2:   Do, diolch byth. Dyna'n job ni go iawn, yntê. Pwy oedd hwnnw?

Person 1:   Wn i ddim. Rhywun oedd heb gymryd sylw o'r *dress code*. Ond trueni am ei drwyn, hefyd.

Person 2:   Na. Bydd yn edrych yn fwy *macho* o hyn ymlaen hefo trwyn cam.

Person 1:   Does neb yn mynd i'w weld am flynyddoedd, beth bynnag.

Person 2:   Hm! Sôn am ddillad, beth oeddet ti'n feddwl o ddillad y priodfab?

Person 1:   *(yn dechrau siarad fel rhywun sy'n cynllunio dillad)*
O! *Not his colour at all!* Roedd *hi'*n edrych yn ffantastig – digon i wneud i mi grio. *An apparition of beauty!* Ond roedd *o* wedi dewis y lliw anghywir.
(cerdded i ffwrdd yn trafod lliwiau)
Brown ydy'r lliw eleni, nid glas tywyll ... ac mae tei llydan mor hen ffasiwn erbyn hyn ... etc etc ...

Darllenydd: Mathew 22: 1–14

Cyhoeddiadau'r Gair 2008

Y Darn Arian aeth ar Goll

Cefndir Beiblaidd: Luc 15: 8 –10

Cymeriadau: Gwraig
(Gall y cymeriad wisgo mewn dillad o gyfnod y Testament Newydd. Gellir creu penwisg gyda rhuban a chylchoedd cerdyn wedi'u gorchuddio â ffoil, neu mae disgiau coler ci yn addas i'w hongian wrth benwisg.)
Darllenydd
(Rhywun yn y gynulleidfa sydd wedi'i baratoi ymlaen llaw.)

Offer: Balŵns, melysion, *party poppers*, darn o arian ychwanegol

Bydd angen cuddio darn o arian (tebyg i'r rhai sydd ar benwisg y wraig) rywle yn yr adeilad lle perfformir y sgets, neu gallwch "blannu" darn o arian gydag aelod o'r gynulleidfa er mwyn iddo/ iddi ddod o hyd iddo pan ddaw'r amser.

(Gwraig i'r llwyfan – yn chwilio ym mhobman, tu ôl i'r dodrefn, dan y clustogau etc. Yn tuchan ac yn edrych yn bryderus. Troi at y gynulleidfa a sylwi ar y bobl.)

Gwraig: O! Helô!
Sori – doeddwn i ddim wedi sylwi arnoch chi i ddechrau. Roeddwn i'n rhy brysur yn chwilio. Rydw i wedi chwilio ym mhob man, a does gen i ddim syniad ble mae o wedi mynd.
Rydw i wedi ysgubo'r llofft a'r gegin, wedi ysgwyd y matiau cysgu a'r clustogau.
Mae o wedi diflannu.
(edrych ar y gynulleidfa fel petai wedi cael syniad)
Tybed fyddech chi'n barod ...
Na. Mae'n ddrwg gen i. Mae hynny'n ddigywilydd.
(edrych ar y gynulleidfa eto)
Twt, waeth i mi ofyn ddim ... digon hawdd i chi ddweud Na.
Oes gennych chi amser i'm helpu i chwilio?

Aelod o'r gynulleidfa: Chwilio am beth?

Gwraig: O ie! Wrth gwrs. Dydw i ddim wedi egluro beth sy ar goll. Un o'r rhain *(pwyntio tuag at ei phenwisg)*. Mae pob gwraig briod ym Mhalesteina'n gwisgo deg darn o arian fel penwisg. Rhywbeth yn debyg i'ch modrwy briodas fodern chi. Dydy'r darnau arian yma ddim yn werthfawr iawn, ond rydw i wedi bod yn cynilo er pan oeddwn i'n ifanc er mwyn cael penwisg go iawn. A bore heddiw, wrth i mi wneud y gwaith tŷ, daeth un o'r darnau arian yn rhydd a rholio i ffwrdd. Mae mor dywyll yn y tŷ. Wnewch chi fy helpu i, plîs? Dim ond am bum munud. Pawb i chwilio o dan y seti. Diolch. Rydw i'n ddiolchgar iawn.

(Dylai'r cymeriad annog y gynulleidfa i edrych o dan y seti etc – bydd cyfle i ad libio yn y fan hyn a chael hwyl gyda'r gynulleidfa os yw'r actores yn eu hadnabod wrth eu henwau, e.e. "Twt, twt, John Jones, digon hawdd gweld pwy sy'n glanhau yn eich tŷ chi!" etc)

Cyhoeddiadau'r Gair 2008

Aelod o'r gynulleidfa: Dyma fo!

Gwraig: (*yn cymryd y darn arian*)
O! Diolch! Diolch yn fawr iawn. Rydw i mor falch. Fe wna i ofyn i Benjamin ei drwsio heno.
Hei! Mae hyn yn achos dathlu. Ydy wir! Bydd yn rhaid i ni ddathlu.
Wn i – fe gawn ni barti! Mae gen i falŵns yn rhywle.
(*estyn balŵs a'u rhannu, gan ad libio eto wrth annog y gynulleidfa i chwythu'r balŵns*)
Ac mae gen i ddigonedd o *party poppers*.
(*eu hestyn a'u taflu at y gynulleidfa*)
Dewch – popiwch y *poppers*!
A rhaid cael rhywbeth i'w fwyta i ddathlu'r achlysur. Rydw i'n siŵr bod gen i felysion yn rhywle.
(*estyn y melysion a'u taflu i'r gynulleidfa – yn arbennig at y plant a'r bobl ifanc*)
(*Gellir chwarae cerddoriaeth parti yn y cefndir*)

BWYTEWCH, A MWYNHEWCH Y DATHLU!

Darllenydd: Luc 15: 8–10

     Cyhoeddiadau'r Gair 2008

Y Mab Afradlon

Cefndir Beiblaidd: Luc 15: 11–32

Cymeriadau: Clwyd

Offer: Llun giât/clwyd ar ddarn mawr o gardfwrdd, digon mawr i guddio rhan isaf coesau'r cymeriad.

(Clwyd i'r llwyfan yn cario'r cardfwrdd o'i flaen, yn rhwbio'i ben-ôl ac yn edrych fel petai mewn poen.)

Clwyd:

Aw! Roedd hynna'n brifo!

Dydw i ddim yn gwybod pam fod angen rhoi cic i mi! Nid fi sy ar fai. Dydw i ddim wedi gwneud unrhyw beth o'i le – dim ond hongian yma wrth fynedfa Fferm Bryniau Caersalem a gwneud fy ngwaith. Bydd clais gen i fory.

(troi a dangos y man sy'n brifo i'r gynulleidfa, yna troi'n ôl)

Yr hogyn hynaf roddodd gic i mi!
Roedd o yn y cae top pan glywodd sŵn cerddoriaeth a gweld rhyw fynd a dod prysur o gwmpas y tŷ. Pan ddaeth i weld beth oedd yn digwydd, clywodd fod ei frawd bach wedi dod yn ôl o'r ddinas fawr ddrwg, a bod ei dad yn rhoi croeso mawr iddo – dillad newydd, modrwy am ei fys, sgidiau am ei draed – a pharti. Wel, sôn am wylltio!
Dyma fo'n dweud wrth ei dad fod hyn i gyd yn annheg. "Rydw i wedi bod yn gweithio'n galed yma ers blynyddoedd, yn cadw'r lle i fynd tra oedd y tipyn brawd 'na sy gen i yn mwynhau ei hun yn y ddinas. Ond chefais i yr un parti gennych chi erioed. Dim un!"

Cofiwch, nid dyna'r tro cyntaf i mi gael clais – O na!

Rydw i'n cofio'r diwrnod pan aeth y mab ieuengaf i ffwrdd. I lawr y ffordd â fo, yn gweiddi ar bawb ei fod *o* am weld y byd, a bod bywyd ar y fferm yn *boring*. Cofiwch, doedd arian y fferm ddim yn *boring*. Cyn mynd, roedd o wedi gofyn i'w dad am ei ran o'r etifeddiaeth. A dyma fo'n rhuthro heibio i mi, a 'nghau i mor galed nes mod i'n clecian!

(saib – ychydig yn fwy myfyrgar)

Daeth y tad i bwyso arna i wedyn.
Roedd o'n pwyso'n galed, fel petai o wedi heneiddio'n sydyn. A'r peth nesaf, roeddwn i'n wlyb i gyd! Rhyfedd, meddwn i wrth fy hun – doeddwn i ddim wedi sylwi ar y glaw. Ond doedd hi ddim yn glawio – yr hen ŵr oedd yn wylo wrth weld ei fab yn gadael.

(saib)

Teimlais i bwysau a dagrau'r tad ar fy ysgwydd am flynyddoedd wedyn.

Roedd yn dod yma bron bob dydd, ac yn edrych i weld a oedd golwg o'r hogyn yn dod i fyny'r ffordd.

Ac yna, y bore 'ma, dyma fo'n agor fy nghliced, a'm gadael i'n swingio'n ôl ac ymlaen. Diolch yn fawr iawn, meddwn i!

Ond dyna lle roedd y mab ieuengaf, wedi dod yn ôl adre. Wedi bod yn byw yn ddigon *common* yn y ddinas, yn ôl y sôn – ond wedi colli popeth ac wedi penderfynu dod adre.

(crychu'i drwyn)

Roedd yna wiff go ddrewllyd yn yr awyr wrth iddo basio – oglau moch, rydw i'n meddwl. Er ... rydw i'n methu deall pam fod arogl moch ar fab y fferm, chwaith. Dydy crefydd yr Iddewon ddim yn caniatáu iddyn nhw fynd yn agos at foch.

(ymestyn fel petai o'n stiff)

Mae'r awr ddiwethaf wedi fy ngadael i'n hollol *exhausted*! Agor a chau, agor a chau, agor a chau wrth i fwy a mwy o bobl gyrraedd ar gyfer y parti. Dydy pobl ddim yn sylweddoli mod i'n dechrau heneiddio, a'r bachau'n dechrau mynd yn stiff!

Ac wedyn – cic arall gan y mab hynaf!

Rydw i am fynd i chwilio am ychydig o olew Morris Ifans. Fydd neb yn fy ngholli i – mae rhywun pwysig wedi mynd heibio, ac maen nhw'n dweud ei fod wedi agor y ffordd i Gaersalem yn llydan.

Hwyl!

Darllenydd: Hebreaid 10: 19–23

Y Camel a Chrau'r Nodwydd

Cefndir Beiblaidd: Mathew 19: 16–30; Marc 10: 17–31; Luc 18: 18–25

Cymeriadau: Camel (*rhaid cael 2 berson i ffurfio'r camel – Person 1 yn sefyll, a Pherson 2 wedi plygu ac yn gafael o amgylch gwasg y llall*)
Dyn Cyfoethog
Gwas
Llais

Offer: Nodwydd, 2 botyn blodau i'w clymu ar gefn Person 2 i gynrychioli dau grwb y camel.

Dyn Cyfoethog: *(i'r llwyfan a gweiddi)*
Casi, tyrd yn dy flaen!

Y "camel" i ddod i'r llwyfan gyda'r gwas yn ei dywys â chortyn.

Dyn Cyfoethog: Iawn. Dyna ni. Yn barod ar gyfer yr arbrawf.

Gwas: Syr, ydych chi'n siŵr am hyn?

Dyn Cyfoethog: Siŵr? Ydw. Yn hollol siŵr. Rydw i am brofi bod pobl gyfoethog *yn* gallu mynd i'r nefoedd.

Gwas: Ond, dydw i ddim yn meddwl bod Iesu'n bwriadu i chi gymryd ei eiriau'n llythrennol.

Dyn Cyfoethog: Gofynnais i gwestiwn hollol resymol – Beth sy raid i mi ei wneud i gael bywyd tragwyddol? A beth wnaeth o? Gofyn i mi a oeddwn i'n cadw gorchmynion Duw.

Gwas: Ac ydych chi, Syr?

Dyn Cyfoethog: Paid â bod mor ddigywilydd. Wrth gwrs fy mod i. Er pan oeddwn i'n blentyn.

Gwas: Felly does dim angen i chi brofi unrhyw beth.

Dyn Cyfoethog: Oes. Dywedodd Iesu fod yn rhaid i mi werthu popeth a'i roi i bobl dlawd, ac yna ei ddilyn.

Gwas: Ac ...?

Dyn Cyfoethog: Mae o wedi awgrymu bod angen i mi rannu fy nghyfoeth cyn cael mynd i'r nefoedd. Dywedodd ei bod hi'n haws i gamel fynd trwy grau nodwydd nag i ddyn cyfoethog fynd i'r nefoedd. Ac rydw i'n mynd i brofi ei fod o'n anghywir – hefo help Casi. Wyt ti wedi bod yn y siop yn prynu nodwyddau?

Cyhoeddiadau'r Gair 2008

Gwas: Do, Syr. *(estyn pecyn)*

Dyn Cyfoethog: Da iawn. Reit. *(tynnu un nodwydd a'i dal i fyny at y golau)* Hm! Ble mae'r crau ar y nodwydd yma? Mae'n rhaid dy fod ti wedi prynu'r rhai lleiaf yn y siop. Dim ots. Dechreuwn ni.

Gwas: Beth wyt ti isio i mi'i wneud?

Dyn Cyfoethog: Cael Casi i gamu trwy hwn. *(dal y nodwydd allan)*

Gwas: *(yn tynnu ystumiau i gyfeiriad y gynulleidfa yn dangos beth yw ei farn am hyn!)*
Reit. Tyrd, Casi!

Casi'n codi un goes – cogio bach ei bod yn ceisio gwthio troed drwy'r crau. Ymdrechu'n galed.

Dyn Cyfoethog: Tyrd, Casi bach. Gwna dy hun ychydig yn deneuach!

Casi'n dal ei hun i mewn, ac yn trio eto.

Dyn Cyfoethog: Twt! Gad i mi gael nodwydd arall. Mae'r crau'n fwy yn hon, mae'n siŵr.
(newid nodwydd)

Gwas: Syr! Mae hyn yn wirion bost. Mae'n amhosibl i Casi fynd trwy grau'r nodwydd.
(Casi'n nodio'i phen yn frwdfrydig)

Dyn Cyfoethog: Hm! Dydw i ddim yn deall hyn o gwbl.

Gwas: Efallai fod Iesu o Nasareth yn iawn? Efallai fod angen i chi feddwl eto am eich bywyd ac am eich cyfoeth.

Dyn Cyfoethog: Beth? Rhannu fy arian? Cyfrannu i achosion da?

Gwas: Byddai Casi a fi'n falch o gymryd ychydig o'r arian oddi ar eich dwylo chi, Syr.
(yn rhwbio'i ddwylo, a Casi yn nodio'i phen yn frwdfrydig eto)

Dyn Cyfoethog: O na! Dydw i ddim isio'ch rhwystro chi rhag mynd i'r nefoedd.
(y gwas yn dangos ei siom i'r gynulleidfa!)

Na, rhaid bod yna ateb arall i hyn. Rydw i wedi clywed bod gan Iesu o Nasareth ffrindiau cyfoethog – Sacheus, er enghraifft. Pwy sy'n fwy cyfoethog na Sacheus?
(yn dod i benderfyniad – curo'i ddwylo)
Dewch, chi'ch dau, rydw i am fynd draw i Jericho i gael clywed gan Sacheus beth ydy'r gwahaniaeth rhyngddo fo a fi. Efallai y bydd Sacheus yn gallu egluro sut mae camel yn gallu mynd trwy grau'r nodwydd. Dewch!

(exit)

Gwas: Tyrd, Casi bach. Erbyn i ni gerdded i Jericho ac yn ôl, mae'n siŵr y byddi di wedi colli digon o bwysau i allu mynd trwy grau'r nodwydd yma!

(exit y Gwas a'r Camel)

Llais: Dyma Sacheus yn dweud wrth Iesu, "Arglwydd, rydw i'n mynd i roi hanner fy nghyfoeth i'r tlodion. Ac os ydw i wedi twyllo pobl a chymryd mwy o drethi nag y dylwn i, mi dala i bedair gwaith cymaint yn ôl iddyn nhw." Meddai Iesu, "Mae'r bobl sy'n byw yma wedi gweld beth ydy achubiaeth heddiw."

Aur, Thus a Myrr

Cefndir Beiblaidd: Mathew 2: 1–12

Cymeriadau: Dyn Doeth 1
                      Dyn Doeth 2
                      Dyn Doeth 3

Offer: Cês teithio i bob cymeriad.
                      Anrheg 1 a 2 wedi'u lapio mewn papur anrheg ar gyfer Dyn Doeth 1 a 2.
                      Bag Tesco ar gyfer Dyn Doeth 3. Talc a sebon etc yn y bag.

(Y tri Dyn Doeth i'r llwyfan yn cario/gwthio cesys ac yn cario anrheg.)

Dyn Doeth 1: Wel, dyna ni. Diwedd y diwrnod cyntaf, a dydyn ni ddim wedi mynd ar goll!

Dyn Doeth 2: OK! OK! Dim ond gofyn lle roedd y map wnes i! Doeddwn i ddim yn amau am funud fod y seren yn mynd i ddangos y ffordd i mi!

Dyn Doeth 1: Diolch byth ein bod ni wedi dod mor bell â hyn. Pan welais i Rina'n cyrraedd, roeddwn i'n meddwl na fydden ni byth yn cychwyn.

Dyn Doeth 2: Ie. Beth oedd hi eisiau, Belthasar? Sws fawr cyn i ti fynd ar daith bell?!
                  (Dyn Doeth 1 a 2 yn chwerthin)

Dyn Doeth 3: Na. Roedd hi wedi bod yn Siop Pampers Persia, i brynu anrheg i'r babi newydd rydyn ni'n gobeithio'i weld.

Dyn Doeth 2: Beth ddywedaist ti?

Dyn Doeth 3: Bod Rina wedi bod yn Siop Pampers ...

Dyn Doeth 1: Prynu anrheg? Pa anrheg?

Dyn Doeth 3: *(yn tynnu'r eitemau allan o'r bag)*
                  Talc, sebon, clytiau taflu-i-ffwrdd ...

Dyn Doeth 1: Ond mae'r anrhegion ar gyfer y brenin newydd ganddon ni. *(codi'r anrheg)*
                  Aur, thus a myrr!

Dyn Doeth 3: Wn i. Ond roedd Rina'n meddwl bod hyn yn well.

Dyn Doeth 2: Ond ble mae'r myrr?

Dyn Doeth 3: Gan Rina. Mae hi am werthu'r stwff i'r ymgymerwyr lleol. Maen nhw'n defnyddio lot o fyrr.

Cyhoeddiadau'r Gair 2008

Dyn Doeth 1: Belthasar! Pan drefnon ni'r daith yma, pan welson ni arwydd y seren, pan glywson ni am y disgwyl am frenin newydd, wnaethon ni gytuno i fynd ag aur, thus a myrr i'r brenin newydd, nid talc a sebon!

Dyn Doeth 3: Ond roedd Rina'n dweud bod myrr yn anrheg hyll i blentyn. Rhywbeth ar gyfer rhywun sy wedi marw ydy myrr.

Dyn Doeth 2: Yn hollol! Mae'r arwyddion yn dangos bod y plentyn newydd yma'n mynd i fod yn frenin ac yn offeiriad ac mae o'n mynd i farw'n ifanc. Felly rydyn ni'n rhoi aur, thus a myrr iddo. Fedri di ddim anwybyddu'r arwyddion, Belthasar.

Dyn Doeth 3: Ond mae Rina ...

Dyn Doeth 1: Dim ots am Rina. *Ni* sy'n mynd i'r palas at y plentyn yma. Wyt ti eisiau sefyll o flaen pawb a rhoi anrheg o aur, thus a thalc i'r brenin newydd?!

Dyn Doeth 3: Sori! Wnes i ddim meddwl.

Dyn Doeth 2: Rydw i'n gallu dychmygu pobl yn ysgrifennu amdanon ni rywbryd yn y dyfodol – rhywbeth fel *(yn ddramatig)* "aethon nhw i mewn i'r palas; dyna lle roedd y plentyn hefo'i fam y frenhines, a dyma nhw'n disgyn ar eu gliniau o'i flaen a'i addoli. Yna dyma nhw'n agor eu paciau a rhoi anrhegion gwerthfawr iddo – aur, thus, talc a sebon *sensitive skin.*" *(gorffen y frawddeg yn wawdlyd)* Beth ydyn ni'n mynd i wneud rŵan?
(troi at Dyn Doeth 3 a rhoi celpan iddo) Ffŵl!

Dyn Doeth 1: Bydd yn rhaid i ni brynu mwy o fyrr ar y ffordd. Mae 'na gwmni o ymgymerwyr yn y pentre nesa.

Dyn Doeth 3: *(yn codi'r bag Tesco)*
Ond beth am y rhain?

Dyn Doeth 2: *(yn cydio'n fygythiol yng ngwisg Dyn Doeth 3)*
Paid â gofyn, rhag ofn i mi gael fy nhemtio!
(troi a cherdded oddi ar y llwyfan)
Aur, thus a thalc, wir!

(exit pawb)

Yr Addurniadau Nadolig

Cefndir Beiblaidd: Mathew 1 a 2; Luc 2; Philipiaid 2

Cymeriadau: 3 Addurn Coeden Nadolig:
Pelen liwgar
Tinsel
Goleuadau

Mam
Darllenydd

Cymeriadau stori'r Geni neu gyflwyniad PowerPoint:
Mair a'r baban Iesu, Joseff, bugeiliaid, angylion, doethion

Cymeriadau'r goeden Nadolig i wisgo'n addas, neu gario llun/symbol sy'n eu cyflwyno i'r gynulleidfa. Dylai cymeriadau stori'r Geni wisgo mewn dull traddodiadol.

Os am ddefnyddio cyflwyniad PowerPoint dylid gosod y sgrin y tu ôl i'r actorion er mwyn i'r gynulleidfa weld y sleidiau.

Offer: 2 focs cardfwrdd

Bydd angen i'r addurniadau Nadolig ddod i'r llwyfan/sêt fawr cyn i'r sgets ddechrau, ond dylent aros o'r golwg hyd nes i Mam ddod i'r llwyfan yn cario bocs addurniadau Nadolig. Dylai Mam ddal y bocs yn amlwg i bawb ei weld cyn ei osod i lawr.

Mam: Robin! Siân! Dwi wedi estyn y bocs addurniadau o'r atig. Dewch i addurno'r goeden!

(exit Mam. Wedi saib, yr addurniadau Nadolig i godi gan edrych o'u cwmpas)

Tinsel: Ydy hi'n saff?

Pelen: Ydy. Mae hi wedi mynd.

Tinsel: Diolch byth. *(ystwytho'i hun)*
Ar ôl blwyddyn yn yr atig, mae angen amser i ystwytho cyn dechrau ar y gwaith.

Pelen: Dechrau ar y gwaith?!
Dwyt ti ddim yn gorfod gweithio, dim ond gorwedd ar y goeden ac edrych yn ddel! Rhaid i *mi* hongian a dal gafael ar y goeden. Rydw i wedi bod yn cadw'n ffit drwy'r flwyddyn.
(gwneud symudiadau cadw'n heini)

Tinsel: Dwi'n gorfod wincio ar bawb, ac mae hynny'n flinedig hefyd!
(troi at y gynulleidfa a gwneud sioe fawr o wincio'n egnïol)

Cyhoeddiadau'r Gair 2008

Goleuadau: Peidiwch â phoeni! Arna *i* y bydd pawb yn edrych.
Rydw i'n gallu goleuo mewn tair ffordd wahanol, wyddoch chi.
Constant.
Intermittent.
Random.
Tydw i'n glyfar?!

Tinsel: Dwyt ti ddim mor glyfar pan mae dy ffiws yn chwythu! Mae tad Robin a Siân yn rhegi dan ei wynt bob Nadolig wrth chwilio pa ran ohonot ti sy angen ei newid.

Pelen: Wel, allwch chi ddim cael coeden Nadolig heb beli bach lliwgar yn hongian ar y canghennau. Fi ydy'r addurn pwysicaf!

Tinsel: Allwch chi ddim cael coeden Nadolig heb dinsel, chwaith. Mae coden heb dinsel yn *boring*!

Goleuadau: Heb oleuadau ar y goeden, does neb yn gallu eich gweld chi, felly fi ydy'r pwysicaf!

Pelen: Nage – fi!

Tinsel: Nage – fi!

(y tri'n dechrau ymladd fel plant bach, yna'n rhewi wrth glywed llais Mam)

Mam: Robin? Siân? Dwi wedi prynu rhywbeth newydd y Nadolig hwn. Dewch i weld beth sy yn y bocs!

(Mam yn cario bocs arall a'i osod ym mlaen y llwyfan, yna'n gadael. Y tri addurn yn edrych ar y bocs yn chwilfrydig.)

Goleuadau: Beth ydy hyn? Mwy o addurniadau?

Tinsel: Mae 'na ysgrifennu ar y bocs. *(sillafu'r geiriau allan fesul llythyren)*
S E T Y G E N I. Set y Geni. Beth ydy hwnnw?

Pelen: Gawn ni weld rŵan. Maen nhw'n dod allan. Ond dwi'n siŵr na fydd neb yn fwy pwysig a hardd na fi.

(Cymeriadau'r Geni yn dod ymlaen yn eu tro ac yn creu 'tableau' yn ystod y darlleniad. Neu sleidiau'n cael eu dangos ar y sgrin.)

Darllenydd: Rhoddodd Cesar Awgwstws orchymyn i gynnal cyfrifiad drwy'r Ymerodraeth Rufeinig i gyd. Roedd pawb yn mynd adre i'r trefi lle cawson nhw eu geni, i gofrestru ar gyfer y cyfrifiad.

Felly, gan fod Joseff yn perthyn i deulu'r brenin Dafydd, gadawodd Nasareth yn Galilea, a mynd i gofrestru yn Jwdea – ym Methlehem, hynny ydy, tref Dafydd. Aeth yno gyda Mair oedd yn mynd i fod yn wraig iddo, ac a oedd erbyn hynny'n disgwyl babi. Tra oedden nhw yno daeth yn amser i'r babi gael ei eni, a dyna lle cafodd ei phlentyn cyntaf ei eni – bachgen bach. Lapiodd Mair ef yn ofalus mewn cadachau a'i osod i orwedd mewn cafn ar gyfer bwydo anifeiliaid.

(Mair a'r baban a Joseff yn dod i'r llwyfan yn ystod y darlleniad)

Yn ardal Bethlehem roedd bugeiliaid allan drwy'r nos yn yr awyr agored yn gofalu am eu defaid.

(angylion a bugeiliaid i'r llwyfan)

Yn sydyn dyma nhw'n gweld un o angylion yr Arglwydd, ac roedd ysblander yr Arglwydd fel golau disglair o'u cwmpas nhw.

Roedden nhw wedi dychryn am eu bywydau. Ond dyma'r angel yn dweud wrthyn nhw, "Peidiwch ag ofni. Mae gen i newyddion da i chi! Newyddion fydd yn gwneud pobl ym mhobman yn llawen iawn. Mae eich Achubwr wedi cael ei eni heddiw, ym Methlehem (tref y brenin Dafydd); y Meseia! Yr Arglwydd! Dyma sut byddwch chi'n ei nabod: Byddwch yn dod o hyd iddo yn fabi bach wedi'i lapio mewn cadachau ac yn gorwedd mewn cafn bwydo anifeiliaid."

Felly i ffwrdd â nhw, a dod o hyd i Mair a Joseff, a'r babi bach yn gorwedd mewn cafn i fwydo anifeiliaid.

(y bugeiliaid i benlinio o flaen y baban Iesu)

Cafodd Iesu ei eni ym Methlehem yn Jwdea, yn y cyfnod pan oedd Herod yn frenin. Ar ôl hynny daeth gwŷr doeth o wledydd y dwyrain i Jerwsalem i ofyn, "Ble mae'r un sydd newydd gael ei eni'n frenin yr Iddewon? Gwelson ni ei seren yn codi yn y dwyrain, ac rydyn ni yma i dalu teyrnged iddo."

(Doethion i'r llwyfan)

Aeth y seren o'u blaenau, nes iddi aros uwchben yr union fan lle roedd y plentyn. Roedden nhw wrth eu bodd! Pan aethon nhw i mewn i'r tŷ, dyna lle roedd y plentyn hefo'i fam, Mair, a disgynnon nhw ar eu gliniau o'i flaen a'i addoli. Yna dyma nhw'n agor eu paciau a rhoi anrhegion gwerthfawr iddo – aur a thus a myrr.

(Doethion i benlinio)

Peidiwch â bod am y gorau i fod yn bwysig, nac yn llawn ohonoch chi'ch hunain. Byddwch yn ostyngedig, a pheidio meddwl eich bod chi'n well na phobl eraill. Meddyliwch am bobl eraill yn gyntaf, yn lle dim ond meddwl amdanoch chi'ch hunain. Dylai'ch agwedd chi fod yr un fath ag agwedd y Meseia Iesu:
Roedd e'n rhannu'r un natur â Duw,
heb angen ceisio gwneud ei hun yn gydradd â Duw;
ond dewisodd roi ei hun yn llwyr i wasanaethu eraill,
a gwneud ei hun yn gaethwas,
a dod aton ni fel person dynol –
roedd yn amlwg i bawb ei fod yn ddyn.
Yna diraddiodd ei hun fwy fyth,
a bod yn ufudd, hyd yn oed i farw –
ie, trwy gael ei ddienyddio ar y groes.
Felly dyrchafodd Duw e i'r safle uchaf;
cafodd yr enw uchaf posib!
Bydd pob glin yn plygu i enw Iesu –
pawb yn y nefoedd, ar y ddaear, a than y ddaear;
a bydd pawb yn cydnabod
mai Iesu Grist ydy'r Arglwydd,
ac yn mawrygu Duw y Tad.

Tinsel: Bydd pob glin yn plygu i enw Iesu;
(plygu o flaen y baban)

Pelen: Pawb yn y nefoedd, ar y ddaear, a than y ddaear;
(plygu o flaen y baban)

Goleuadau: Bydd pawb yn cydnabod
Mai Iesu Grist ydy'r Arglwydd,
Ac yn mawrygu Duw y Tad.
(plygu o flaen y baban)

Tinsel; Pelen; Goleuadau: *gyda'i gilydd*
Nid i ni, O Arglwydd, nid i ni,
Ond i'th enw dy hun, rho ogoniant
Er mwyn dy gariad a'th ffyddlondeb.

Gellir canu carol gyda'r cymeriadau yn eu lle/ neu yn dangos sleid o'r Geni ar y sgrin.

Cyhoeddiadau'r Gair 2008

Ioan Fedyddiwr

Cefndir Beiblaidd: Mathew 3: 1–12; Marc 1: 1–8; Luc 3: 1–18; Ioan 1: 15–28

Cymeriadau: Dyn busnes
Casglwr Trethi
Milwr
Pharisead
Ioan Fedyddiwr *(bydd llais Ioan Fedyddiwr i'w glywed, ond ni fydd y cymeriad yn ymddangos ar y llwyfan)*

Offer: Unrhyw beth i gyfleu gwaith y cymeriadau

(Y pedwar cymeriad yn dod ymlaen ac yn cyfarch ei gilydd.)

Dyn Busnes: Tyrfa dda heddiw.

Milwr: Oes, wir. Bron i mi fethu â dod. Roedd y capten wedi gofyn am adroddiad gen i. Mae o'n actio fel Sarjant Major go iawn!

Casglwr Trethi: Roeddwn i wedi gobeithio cyrraedd yn gynt hefyd. Ond roedd tri physgotwr wedi methu talu'u dyledion mewn pryd. Roedd yn rhaid i mi fynd i'w gweld nhw.

Pharisead: *(yn hunangyfiawn ac yn bwysig)*
Rhaid gwneud yn siŵr bod Duw yn cael lle cyn popeth arall. Rydw i'n codi am bump o'r gloch y bore er mwyn darllen yr Ysgrifau Sanctaidd.

Dyn busnes: Nid pawb sy'n gallu fforddio gwneud hynny. Roedd yn rhaid i mi orffen pobi'r bara cyn dod yma!

Milwr: Mae pawb wedi cyrraedd. Dyna sy'n bwysig. Gobeithio bod Ioan Fedyddiwr *on form* heddiw.

Casglwr Trethi: Chlywais i erioed bregethwr cystal. Rydw i'n dechrau meddwl mai Ioan ydy'r un rydyn ni wedi bod yn aros amdano ers canrifoedd.

Dyn Busnes: Beth? Y Meseia?

Pharisead: Rydw i wedi bod yn meddwl hynny hefyd. Mab y Dyn yn dod aton ni, yn llawn tân, yn llefaru gair Duw, yn dod i farnu'r cenhedloedd annheilwng ac yn dyrchafu ei bobl ei hun – ni'r Iddewon.

(yn gwenu a bowio)

Casgwr Trethi: Sh! Dyma fo. Trueni na fyddai'n gwisgo rhywbeth gwell na'r dillad blew camel a'r belt ledr yna.

Milwr: Maen nhw'n dweud mai dyna ydy dillad proffwyd go iawn. Dim ond proffwyd fyddai'n gwisgo fel yna.

Ioan: *(y llais yn unig)*
"Llais yn gweiddi'n uchel yn yr anialwch,
'Paratowch y ffordd i'r Arglwydd ddod!
Gwnewch y llwybrau'n syth iddo!
Bydd pob dyffryn yn cael ei lenwi,
pob mynydd a bryn yn cael ei lefelu.
Bydd y ffyrdd troellog yn cael eu gwneud yn syth,
a'r lonydd anwastad yn cael eu gwneud yn llyfn.
Bydd y ddynoliaeth gyfan yn gweld Duw yn achub.'"

Pharisead: Amen ac Amen. Meddyliwch – Duw yn ein hachub ni i gyd. Gwynfyd! Nefoedd i bobl Dduw! Mae Ioan yn dweud y gwir bob amser.

Ioan: "Rydych chi fel nythaid o nadroedd! Pwy sydd wedi'ch rhybuddio chi i ddianc rhag y gosb sy'n mynd i ddod? Rhaid i chi ddangos yn y ffordd rydych chi'n byw eich bod wedi newid go iawn. A pheidiwch â meddwl eich bod chi'n saff drwy ddweud, 'Abraham ydy'n tad ni.' Gallai Duw droi'r cerrig yma sydd ar lawr yn blant i Abraham! Mae bwyell barn Duw yn barod i dorri'r gwreiddiau i ffwrdd! Bydd pob coeden heb ffrwyth da yn tyfu arni yn cael ei thorri i lawr a'i thaflu i'r tân!"

Pharisead: O, am *cheek*! Pwy mae o'n eu galw'n nythaid o nadroedd? Rydw i'n cadw'r deddfau. Rydw i'n blentyn i Abraham. Nid fi sy angen clywed geiriau fel hyn – ond y nhw! Pawb sy ddim yn Iddewon. Pawb sy ddim yn rhan o'r genedl etholedig!

Dyn busnes: Roeddwn i'n meddwl bod Ioan yn dweud y gwir bob amser! *(Chwerthin)* Rwyt ti a'r crefyddwyr eraill wedi cael clywed y gwir plaen heddiw!

Ioan: "Os oes ganddoch chi ddwy gôt, rhowch un ohonyn nhw i berson tlawd sydd heb un o gwbl. A gwnewch yr un fath gyda bwyd."

Pharisead: O! A dyna neges i ti, gyfaill. Ti sy â digon o fwyd yn dy siop, ac yn gallu fforddio prynu dwy got. Beth sy gen ti i'w ddweud rŵan?

Dyn busnes: Mae o'n siarad am bobl gyfoethog, nid am bobl gyffredin fel fi.

Casglwr Trethi: Nac ydy – "pwy bynnag sy â digon o fwyd" ddwedodd o. Ac mae gen ti ddigon o fwyd.

Pharisead: A tithau hefyd!

Casglwr Trethi: Sh!
(yn galw allan)
Athro! Oes gen ti neges i ni, gasglwyr trethi?

Ioan: "Peidio casglu mwy o arian nag y dylech chi."
(Y Casglwr Trethi i ddangos sioc a dicter)

23

Dyn busnes: Pwy sy'n hoffi'r gwir rŵan? Mae Ioan yn gwybod popeth amdanat ti, gyfaill. Mae'n gwybod am dy gelc bach cyfrinachol di.

Casglwr Trethi: Pa hawl sy ganddo fo i ddweud hynny? Rhaid i bawb fyw, ac mae cyflog casglwyr trethi'n isel. Dydyn ni ddim yn cael y *minimum wage,* hyd yn oed.

Ioan: "Chi filwyr, peidiwch â dwyn arian oddi ar bobl, a pheidiwch â chyhuddo pobl ar gam er mwyn gwneud arian. Byddwch yn fodlon ar eich cyflog."

Milwr: Ond dydw i ddim yn cyhuddo pobl ar gam, nid fel rhai milwyr.

Pharisead: Na, ond rydw i'n siŵr dy fod ti'n dwyn weithiau.

Milwr: Dim ond achos bod hynny'n un o *perks* y swydd. Twt, rydw i wedi cael llond bol. Rydw i'n mynd.

Dyn busnes: Na. Aros! Mae gan Ioan fwy i'w ddweud.

Ioan: Nid fi ydy'r Meseia. Ac nid Elias ydw i chwaith. "Dŵr dwi'n ei ddefnyddio i'ch bedyddio chi. Ond mae un mwy na fi yn dod yn fuan – rhywun sydd mor bwysig, fyddwn i ddim yn deilwng o fod yn gaethwas sy'n datod carrai ei sandalau hyd yn oed!

Casglwr Trethi: Dyna ni'n anghywir eto. Nid fo ydy'r Meseia.

Milwr: Na. Ond efallai bod o'n dweud wrthon ni am edifarhau achos bod y Meseia'n mynd i ddod yn fuan.

Pharisead: Twt lol! Rydw i wedi newid fy meddwl. Siarad drwy ei het mae Ioan Fedyddiwr, nid dweud y gwir!

Dyn busnes: Wel. Rydw i am fynd ymlaen i gael fy medyddio. Mae Ioan yn iawn. Rydw i *yn* hunanol.

Casglwr Trethi: Rydw innau'n dod hefyd. Rydw i wedi bod yn anonest, ac mae'n ddrwg gen i am hynny.

Milwr: Rhaid i mi stopio dwyn hefyd. Rydw i am ddod gyda chi.
(*troi at y Pharisead*)
Wyt ti am ddod?

Pharisead: Fi? Un o'r Phariseaid angen mynd at y *poseur* yna am faddeuant? Rydw i'n iawn gyda Duw.

(*y tri cyntaf yn mynd un ffordd, a'r Pharisead yn mynd i gyfeiriad arall*)

Ioan: Bydd hwnnw'n eich bedyddio chi gyda'r Ysbryd Glân a gyda thân. Mae ganddo fforch nithio yn ei law i wahanu'r grawn a'r us. Bydd yn clirio'r llawr dyrnu, yn casglu'r gwenith i'w ysgubor ac yn llosgi'r us mewn tân sydd byth yn diffodd.
Edrychwch! Oen Duw.

Iesu'n Troi'r Dŵr yn Win

Cefndir Beiblaidd: Ioan 2: 1–12

Cymeriadau: Benjamin
Gweinius y gwas
Llywydd y Wledd

(Benjamin yn cerdded i'r llwyfan yn dal ei ddwylo allan. Mae'n gweiddi ar y gwas.)

Benjamin: Gweinius! Lle wyt ti? Tyrd yma ar unwaith!

(Gweinius yn rhedeg ar y llwyfan)

Gweinius: Ie, Syr. Beth sy'n bod?

Benjamin: Beth sy'n bod, wir! Edrycha ar fy nwylo i! *(codi'i ddwylo o flaen trwyn y gwas)*

Gweinius: Maen nhw'n binc ac yn *sticky*, Syr.

Benjamin: Rydw i'n gwybod eu bod nhw'n binc ac yn *sticky*, Gweinius. Isio gwybod pam ydw i.

Gweinius: Sori, Syr.

Benjamin: Dim ond mynd allan o'r wledd briodas am funud wnes i i wneud fy hun yn gyfforddus. Dyma fi'n mynd at y llestri dŵr i gael ymolchi, yn ôl cyfraith Moses – ac yn lle cael dwylo glân, mae fy nwylo i'n binc ac yn *sticky*!

Gweinius: O! Ie, Syr ... rydw i'n gallu egluro ... Wel, na. Dydw i ddim yn gallu egluro, ond fe wna i egluro ...

Benjamin: Rwyt ti'n siarad nonsens, Gweinius.

Gweinius: *(yn tynnu anadl ddofn)* Dyma beth sy wedi digwydd, Syr. Mae'r gwin wedi dod i ben.

Benjamin: Y gwin wedi dod i ben? O na! Beth wna i? Bydd y teulu'n destun sbort i bawb! Oes rhywun wedi mynd i brynu mwy? Y fath gywilydd!

Gweinius: Mae'n iawn, Syr. Peidiwch â phoeni. Mae popeth yn iawn erbyn hyn – yn fwy na iawn, mewn gwirionedd.

Benjamin: Beth wyt ti'n feddwl? Mae hyn yn gywilydd. Dydy popeth *ddim* yn iawn!

Gweinius: Does neb yn gwybod, Syr. Ac mae Iesu o Nasareth wedi ... wedi ...
(yn ceisio cael hyd i eiriau i ddisgrifio'r hyn sy wedi digwydd)

Cyhoeddiadau'r Gair 2008

Benjamin: Wedi beth? Pwy ydy Iesu o Nasareth?

Gweinius: Mab Mair, gweddw Joseff y saer. Mae o wedi ...

Benjamin: Wedi beth? Wedi prynu mwy o win?

Gweinius: Na. Mae Iesu wedi troi'r dŵr oedd yn y llestri ymolchi yn win.

Benjamin: Y?! Paid â rwdlan, ddyn!

Gweinius: Dydw i ddim yn rwdlan, Syr. Pan gafodd Mair wybod bod y gwin wedi darfod, aeth i siarad gyda Iesu. Daeth hi'n ôl aton ni'r gweision a dweud wrthon ni am wneud beth bynnag oedd Iesu'n ei ddweud.

Benjamin: A beth oedd hynny?

Gweinius: Llenwi'r llestri hefo dŵr.

Benjamin: Ond maen nhw'n dal tua can litr yr un!

Gweinius: Rydw i'n gwybod hynny, Syr. Rydw i wedi blino'n lân ar ôl cario'r dŵr o'r ffynnon. Ond ar ôl i ni orffen, dywedodd Iesu wrthon ni am dynnu peth allan a mynd â fo at Lywydd y Wledd.

Benjamin: Mynd â chwpan o ddŵr at Lywydd y Wledd? *(griddfan)* O, na!

Gweinius: Ond, Syr, nid dŵr oedd yn y cwpan, ond gwin coch!

Benjamin: Rwyt ti wedi yfed gormod o'r gwin ar ddechrau'r wledd, Gweinius. Rwyt ti'n drysu!

Gweinius: Nac ydw, Syr. Dyna pam mae eich dwylo chi'n binc ac yn *sticky*. Gwin sy yn y llestri, nid dŵr.

Llywydd y Wledd: *(yn dod at ochr y llwyfan ac yn codi gwydraid o win)*
Hei, Benjamin. Yr hen lwynog! Fel arfer, mae pobl yn gweini'r gwin da ar ddechrau gwledd, a'r *plonk* ar ddiwedd y noson. Ond rwyt ti wedi cadw'r gwin da tan y diwedd. Iechyd da i ti!
(gadael)

Benjamin: Dydw i ddim yn deall hyn o gwbl. Sut y llwyddodd Iesu i droi'r dŵr yn win?

Gweinius: Does gen i ddim syniad, Syr. Ond dyna sy wedi digwydd.

Benjamin: Bydd yn rhaid i mi ofyn am esboniad – ar ôl dod yn ôl o'r mis mêl. Gweinius, rho jygiad arall o win ar bob bwrdd. Iechyd da!
(y ddau'n gadael)

Llefarydd: Mae Ioan yn dweud hyn yn ei Efengyl:
Gwelodd y disgyblion Iesu yn gwneud llawer o arwyddion gwyrthiol eraill, ond dydw i ddim wedi ysgrifennu amdanyn nhw yma. Ond mae'r cwbl sydd yma wedi ei ysgrifennu er mwyn i chi gredu mai Iesu ydy'r Meseia, mab Duw. Pan fyddwch chi'n credu, byddwch chi'n cael bywyd tragwyddol trwyddo ef.

Cyhoeddiadau'r Gair 2008

Galw'r Pedwar Pysgotwr

Cefndir Beiblaidd: Marc 1: 16–20

Cymeriadau: Pysgodyn 1
Pysgodyn 2
Pysgodyn 3

Offer: Penwisg siâp pysgodyn wedi'i wneud o bapur i bob un o'r cymeriadau
Offer chwythu swigod (ar gael o siopau teganau etc)

(Pysgodyn 1 ymlaen a dechrau chwythu swigod. Tuchan, edrych yn 'bored' etc. Pysgodyn 2 ymlaen hefyd ac yn dechrau chwythu swigod.)

Pysgodyn 2: Helô! Rwyt ti yma eto heddiw!

Pysgodyn 1: Ydw. Mae'r dŵr ychydig yn gynhesach yn y rhan yma o Lyn Galilea. Ac mae yna gysgod wrth y garreg yma.

Pysgodyn 2: Oes gen ti unrhyw newyddion?

Pysgodyn 1: Na – dim byd. Mae wedi bod yn dawel yma. Wn i ddim beth sy wedi digwydd. Dydw i ddim wedi gweld rhwyd bysgota yn y dŵr ers dyddiau.

Pysgodyn 2: Na finnau chwaith. Ydy hi'n wythnos yr Eisteddfod neu rywbeth? Mae pawb fel petaen nhw wedi mynd i ffwrdd, neu wedi colli diddordeb ynon ni.

(y ddau'n sefyll yn chwythu swigod am ychydig o eiliadau mewn distawrwydd, yna Pysgodyn 3 yn dod i'r llwyfan ar frys)

Pysgodyn 3: Helô, Sgods! Ydych chi wedi clywed y newyddion?

Pysgodyn 2: Pa newyddion?

Pysgodyn 3: Y newyddion am y pedwar yna sy'n gwneud ein bywyd ni yn uffern ar y ddaear – sori, yn uffern yn y môr! Y pedwar sydd wedi lladd cynifer o'n teulu ni a'n ffrindiau.
(sefyll â'i law ar ei galon)
Heddwch i'w hesgyll!

Pysgodyn 1: *(hefyd yn sefyll yn syth â'i law ar ei galon)*
Heddwch i'w hesgyll!

Pysgodyn 2: *(hefyd yn sefyll yn syth â'i law ar ei galon)*
Heddwch i'w hesgyll!

Pysgodyn 1: Am bwy wyt ti'n sôn?

Cyhoeddiadau'r Gair 2008

Pysgodyn 3: Am y pysgotwyr yna – Simon ac Andreas, Iago ac Ioan. Maen nhw wedi bod yn ein hela ni ers misoedd – allan yn y cwch bob awr o'r dydd a'r nos, yn gosod eu rhwydau, ac yn taflu'u rhwydau i bob cyfeiriad!

Pysgodyn 2: Beth amdanyn nhw?

Pysgodyn 3: Maen nhw wedi mynd! Wedi gadael Capernaum! Wedi dweud ta-ta wrth Lyn Galilea!

Pysgodyn 1: Pam? Ydy'r busnes pysgota wedi mynd i'r gwymon?

Pysgodyn 3: Nac ydy. Ond mae'r pedwar wedi "ailgyfeirio". Y Cranc Mawr sy'n byw o dan y garreg wen wrth y lan ddywedodd wrtho i. Maen nhw wedi mynd i weithio i rywun o Nasareth. Dyn o'r enw Iesu.

Pysgodyn 2: Ond roedden nhw yma ddechrau'r wythnos! Bu bron iawn i Iago fy nal i. *(rhwbio'i ben-ôl fel petai'n boenus)* Www!

Pysgodyn 3: Mae'r Cranc Mawr yn dweud bod Iesu wedi cerdded ar lan y llyn, a dweud "Dewch ar fy ôl i" – wrth Simon ac Andreas i ddechrau. A dyma nhw'n mynd ar ei ôl a gadael popeth yn y fan a'r lle! Aeth at Iago ac Ioan wedyn. Roedden nhw wrthi'n trwsio rhwydau gyda'u tad, Sebedeus. A dyma nhw hefyd yn gadael a mynd ar ôl Iesu.

Pysgodyn 2: Beth ddigwyddodd i Sebedeus?

Pysgodyn 3: Roedd o'n iawn. Roedd y gweision yno.

Pysgodyn 1: Pwy ydy'r Iesu 'ma, felly? Pam fod y pedwar wedi mynd i'w ddilyn?

Pysgodyn 3: Rhyw fath o athro. Ond mae'n fwy na hynny, achos mae'n gallu gwneud gwyrthiau. Mae'r pedwar yna wedi bod yn gwrando arno'n dysgu ers amser. Mae'n ddyn arbennig iawn, yn ôl pob tebyg – mae'r Cranc Mawr yn dweud ei fod o'n broffwyd.

Pysgodyn 1: Dydy'r pedwar yna ddim yn ffyliaid, nac yn bobl hawdd eu twyllo.

Pysgodyn 2: Felly dyna'r rheswm pam rydyn ni wedi cael llonydd ers dyddiau. Wel hwrê! Dim mwy o rwydau a bachau am ychydig.

Pysgodyn 1: Ond heb y pedwar yna, bydd bywyd yn Llyn Galilea'n *boring*! Beth ydyn ni'n mynd i'w wneud bob dydd? Roeddwn i'n mwynhau twyllo Seimon ac Iago.

Pysgodyn 2: Roedden nhw *yn* bysgotwyr da!

Pysgodyn 3: Ond dim mor glyfar â ni! Dewch, Sgods. Beth am fynd draw i herio'r hen Sebedeus? Mae o mor hen. Fe fydd yn gwylltio wrth ein gweld ni'n dianc!

Pysgodyn 2: Iawn – am y cyntaf at y cwch! *(Pysgodyn 2 a 3 yn gadael)*

Pysgodyn 1: Tybed ddaw'r pedwar yna'n ôl i bysgota ryw ddydd? Gobeithio wir! Achos fi oedd y pysgodyn roedd Simon bron â'i ddal o hyd ... ac os ydych chi'n ei gredu o, yna rydw i mor fawr â hyn! *(agor ei freichiau ar led)* Hwyl! *(Pysgodyn 1 yn gadael gan chwythu swigod)*

Cerdded ar y Dŵr

Cefndir Beiblaidd:	Mathew 14: 22–33
Cymeriadau:	Cranc
	Pysgodyn 1
	Pysgodyn 2
	(*gellir gwisgo llun cranc/pysgodyn ar fand o amgylch y pen i ddynodi'r cymeriadau*)
	Darllenydd

(Cranc yn dod i'r llwyfan a'r ddau bysgodyn yn "nofio" ato.)

Cranc:	Noson stormus heno ...
Pysgodyn 1:	Ydy. Rydyn ni'n mynd adref cyn iddi waethygu.
Pysgodyn 2:	(*yn edrych i fyny uwch ei ben*) Edrychwch! Mae 'na ffyliaid allan ar y llyn heno. (*y ddau gymeriad arall hefyd yn edrych i fyny*)
Cranc:	Mae'n hwyr iawn i bobl fod allan os nad ydyn nhw'n pysgota.
Pysgodyn 1:	Pysgota yn y tywydd yma? Go brin! (*pawb yn dal i edrych i fyny*)
Cranc:	Rydw i'n dechrau gweld pethau! Gormod o ddiod gwymon coch i swper, mae'n rhaid. Ond rydw i'n meddwl mod i wedi gweld gwadnau traed! (*rhwbio'i lygaid*). Amser gwely i mi, rydw i'n meddwl!
Pysgodyn 2:	Dydw i ddim wedi yfed diod gwymon coch – ond rydw i hefyd yn gweld gwadnau traed. Ac maen nhw'n symud i gyfeiriad y cwch!
Pysgodyn 1:	Rydyn ni i gyd yn yr un freuddwyd, felly, achos rydw i hefyd yn gweld gwadnau traed! A lle mae 'na wadnau, mae 'na draed. A lle mae 'na draed, mae 'na goesau, corff, pen a breichiau. Ond mae hynny'n amhosibl. Rydyn ni ar ganol llyn Galilea!
Cranc:	Efallai fod rhywun yn chwarae triciau.
Pysgodyn 2:	Wel, os ydyn nhw, maen nhw'n glyfar iawn, achos edrychwch. Rydw i'n gweld pâr arall o wadnau wrth ymyl y cwch.
Cranc:	Traed mawr hefyd – seis 12 o leiaf!
Pysgodyn 1:	Maen nhw'n dechrau symud at y traed eraill. Oes dau berson yn cerdded ar y dŵr?

Cyhoeddiadau'r Gair 2008

Cranc: Ond mae hynny'n amhosib! Rydw i'n mynd yn wallgo!

Pysgodyn 1: Gwyliwch eich hunain!

(y tri'n "duckio" fel petaen nhw'n osgoi rhywbeth sy'n syrthio ar eu pen)

Pysgodyn 2: Roedd hynna'n agos! Beth ddigwyddodd?

Cranc: Wn i ddim. Gwelais i rywbeth fel coes yn dod trwy'r dŵr. Mae pwy bynnag sydd uwch ein pen wedi llithro.

Pysgodyn 2: Edrychwch. Mae'r pedwar gwadn yn symud at y cwch.

Cranc: Pedwar gwadn, tri gwadn, dau wadn, un gwadn. *(saib)*
Dyna ni. Maen nhw wedi mynd.

Pysgodyn 1: Ac mae'r cwch yn symud at y lan.

(y tri'n edrych at ei gilydd. Saib)

Cranc: Dydw i ddim yn meddwl y dylen ni sôn wrth neb am hyn.

Pysgodyn 2: Cytuno.

Pysgodyn 1: Does dim byd o gwbl wedi digwydd.

(saib)

Cranc: Ac eto ...

Pysgodyn 1: Ydy'r tri ohonon ni'n drysu?

Pysgodyn 2: Ym ...

(y tri'n gadael y llwyfan)

Darllenydd: Mathew 14: 22–33

Bwydo'r Pum Mil

Cefndir Beiblaidd: Mathew 14: 13–21

Cymeriadau: Bara Brith
Rholyn Selsig
Pizza

Offer: Arwyddion i'w gwisgo gan y cymeriadau yn nodi'r enwau

Mae'n bwysig fod y tri chymeriad yn ymarfer codi ysgwyddau ac ochneidio gyda'i gilydd gan fod y cydsymud yn digwydd sawl gwaith yn ystod y sgets.

(Y tri i'r llwyfan yn edrych yn ddiflas.)

Bara Brith: Sôn am golli cyfle!

Rholyn Selsig: Colli cyfle? Dydy'r geiriau "colli cyfle" ddim yn dod yn agos ati!

Pizza: Colli'n cyfle i fod yn enwog!

Rholyn Selsig: Yn hollol. Pysgod drewllyd a rhyw roliau bara bach *common* yn gwneud enw iddyn nhw'u hunain.

(y tri'n codi ysgwyddau ac yn ochneidio gyda'i gilydd)

Bara Brith: Chawn ni mo'n chwarter awr o enwogrwydd.

Rholyn Selsig: Na chawn. Roedd Mam wastad yn dweud y byddwn i'n *celeb* erbyn fy *sell-by date*.

Pizza: Meddyliwch am y peth, mewn difri. Pum torth a dau bysgodyn yn rhan o wyrth.

(eto, y tri'n codi ysgwyddau ac yn ochneidio gyda'i gilydd)

Rholyn Selsig: Pam, O! pam ges i fy rhoi ym mocs bwyd yr hen Shadrach hunanol 'na heddiw?!

Bara Brith: Achos bod Shadrach wrth ei fodd yn bwyta rholiau selsig, dyna i ti pam! Ond roedd fy meistres i'n hunanol hefyd. Pan ddaeth Pedr i ofyn i'r bobl am fwyd, soniodd hi 'run gair amdana i.

Pizza: Byddai'r bobl wedi cael pryd llawer mwy diddorol petai Iesu wedi ein defnyddio *ni*.

Bara Brith: A byddai pawb wedi gallu cael parti go iawn hefo llond deuddeg basged o roliau selsig, bara brith a *pizza*. Mae pysgod a bara mor *boring*!

(eto, y tri'n codi ysgwyddau ac yn ochneidio gyda'i gilydd)

Pizza: Roedd yn dipyn o gamp – bwydo pum mil o ddynion a'u teuluoedd hefo dim ond pum torth a dau bysgodyn.

Rholyn Selsig: Oedd. Wn i ddim pwy ydy'r Iesu o Nasareth 'ma, ond mae'n gallu gwneud pethau rhyfeddol.

Bara Brith: Mae llawer yn dweud mai fo ydy'r Meseia.

Pizza: Ydyn nhw? Na, dydw i ddim yn meddwl. Byddai gwell *gastronomic palate* gan y Meseia!

Rholyn Selsig: Rydw i'n siŵr y byddai Iesu wedi ein dewis ni petai wedi cael cyfle. Ond na! Roedd y boliau barus am ein cuddio ni yn eu pocedi!

Bara Brith: Dim ots. Beth ydy'r dywediad – o ie, mae newyddion heddiw yn bapur lapio *fish a chips* fory! Fydd neb yn cofio am y peth yr wythnos nesaf.

Pizza: Dydw i ddim mor siŵr. Rydw i'n meddwl bod y mega-picnic brechdanau pysgod yn mynd i gael sylw am amser hir.

Bara Brith: Ond nid Bara Brith

Rholyn Selsig: Na Rholyn Selsig ...

Pizza: Na *Pizza* chwaith ...

(eto, y tri'n codi ysgwyddau ac yn ochneidio gyda'i gilydd, yna'n gadael y llwyfan)

Iacháu Cardotyn Dall wrth ymyl Jericho

Cefndir Beiblaidd: Mathew 20: 29–34; Marc 10: 46–52;
Luc 18: 35–43

Cymeriadau: Sacheus
Dyledus
Sadrach, gwas Dyledus
Darllenydd (dewisol)

*(Dyledus i'r llwyfan a sefyll am ychydig. Sacheus yn dod ato. Sacheus yn cyfarch Dyledus.
Dyledus yn cymryd cam i'r chwith. Sacheus yn gwneud yr un peth. Dyledus yn cymryd cam
arall – Sacheus yn ei ddilyn eto.)*

Dyledus: Dydy'r arian ddim gen i, Sacheus.

Sacheus: Pa arian?

Dyledus: Gweddill y dreth am y chwarter. Bydd yn rhaid i ti aros tan y mis nesaf.

Sacheus: O! Dydw i ddim yn gweithio heddiw, Dyledus. Rydw i *off duty!*

Dyledus: Ti? *Off duty!* Mae'n rhaid bod y byd yn dod i ben!

Sacheus: Na, wir! Dydw i ddim yn mynd i sôn gair am arian, trethi, dyledion na dirwy
heddiw.

Dyledus: Mae'n rhaid dy fod ti'n sâl. Pam wyt ti yma, felly?

Sacheus: Wedi dod i weld Iesu o Nasareth. Mae pawb yn siarad amdano.

Dyledus: Bydd yn rhaid i ti aros am ychydig yn hirach, felly.

Sacheus: Pam? Roeddwn i'n meddwl ei fod yn dod i Jericho heddiw.

Dyledus: Ydy, ond mae 'na *hold up* ychydig i lawr y ffordd.

Sacheus: Beth? Rhywun wedi dwyn ei bres?

Dyledus: Dyna ti wedi sôn am arian! Na – y dyn dall 'na sy'n cardota y tu allan i'r muriau
sy'n creu trafferth.

Sacheus: Beth? Bartimeus? Mab Timeus?

Dyledus: Ie.

Sacheus: Sut wyt ti'n gwybod?

Cyhoeddiadau'r Gair 2008

Dyledus: Mae Sadrach y gwas wedi bod yno i weld beth sy'n digwydd. Mae wedi mynd yno eto.

Sacheus: Pa fath o drafferth?

Dyledus: Mae'n debyg bod Bartimeus wedi synhwyro bod rhywbeth anghyffredin yn digwydd. Mae'n methu gweld dim, ond roedd yn teimlo fod yna lawer o bobl allan ar y ffordd. Ar ôl clywed bod Iesu'n pasio heibio, dyma fo'n dechrau gweiddi ar dop ei lais. Roedd yn gofyn i Iesu am help.

Sacheus: *Cheek!* Creu styrbans! Bydd Iesu yn cael argraff wael o Jericho hefo rhyw garidýms fel 'na'n gweiddi arno.

Dyledus: Dyna ddywedais innau. Dywedodd y bobl ar y ffordd wrtho am gau ei geg hefyd, ond yn lle bod yn ddistaw, dyma Bartimeus yn gweiddi'n uwch fyth. Roeddwn i hyd yn oed yn gallu clywed ei lais o fan yma!

Sacheus: Cywilydd!

Dyledus: Edrych! Mae Sadrach y gwas yn dod. Fe gawn ni wybod beth sy'n digwydd.

(gwas i'r llwyfan – golwg syn arno)

Dyledus: Beth sy'n digwydd, Sadrach? Ydy Iesu wedi cael gwared o Mr Niwsans?

(dim ymateb gan Sadrach)

Sacheus: Sadrach? Wyt ti'n iawn?

(mynd ato a rhoi slap ysgafn ar ei foch)

Sadrach: Y?

Dyledus: Beth sy'n bod? Wyt ti wedi gweld ysbryd?

Sadrach: Na, nid ysbryd.

Dyledus: Beth sy wedi digwydd?

Sadrach: Iesu ...

Dyledus: Ie. Beth am Iesu? Ydy o'n dod?

Sadrach: Bartimeus!

Dyledus: Oes rhaid i ti siarad mewn brawddegau un gair? *Spit it out, man!* Beth sy wedi digwydd?

Sadrach: Bartimeus – mae'n gallu gweld eto.

Dyledus: Paid â bod yn wirion! Mae o'n ddall ers blynyddoedd.

Sadrach: Dim nawr. Mae'n gallu gweld.

Sacheus: Sut?

Sadrach: Iesu – wedi gofyn cwestiwn. A rŵan mae Bartimeus yn gallu gweld!

Dyledus: Bartimeus yn gallu gweld? Iesu wedi'i iacháu? Jyst fel yna?

Sacheus: Does neb yn gallu iacháu dyn dall – jyst fel yna!

Sadrach: Welais i'r peth yn digwydd! Roedd Bartimeus yn gwneud y fath sŵn, dywedodd Iesu wrth y bobl am ddod ag o ato. Dyma fo'n gofyn, "Beth wyt ti am i mi wneud?" Roeddwn i'n disgwyl i Bartimeus ofyn am arian, ond dyma fo'n dweud, "Rydw i am gael gweld eto." "Iawn," meddai Iesu, "mae dy ffydd wedi dy iacháu di." A bingo, roedd o'n gallu gweld!

Dyledus: Sut wyt ti'n gwybod?

Sadrach: Dyma fo'n troi a chwilio am ei fam a'i dad yn y dyrfa a mynd yn syth atyn nhw, a chofleidio'i fam.

Sacheus: Wyt ti'n siŵr o hyn?

Sadrach: Ydw. Yn berffaith siŵr. Ydych chi'n clywed y canu? Mae'r dyrfa i gyd yn canu Salmau i ganmol Duw. Mae 'na gannoedd o bobl ar y ffordd yma.

Sacheus: Rydw i'n sicr eisio gweld Iesu ar ôl hyn.

Dyledus: *(yn chwerthin)*
Mae'n well i ti ddringo ar fy ysgwyddau i, felly. Weli di ddim yng nghanol y dyrfa yma.

Sacheus: *(yn meddwl am ychydig)*
Na. Mae gen i syniad gwell na hynny. Hwyl, Dyledus!

Dyledus: Dyn od ydy Sacheus. Does dim rhyfedd bod neb yn ei hoffi!

Darllenydd: Luc 19: 1–10

Cenhadaeth y Deuddeg

Cefndir Beiblaidd: Marc 6: 6–14

Cymeriadau: Simon Pedr, Jwdas, Iago ac Ioan

Offer: Taflenni

(Iago, Ioan a Simon Pedr yn dod i'r sêt fawr/llwyfan gyda'i gilydd, gan sefyll/eistedd o gwmpas yn ddiog. Jwdas yn dod i mewn, taflenni yn ei law.)

Jwdas: OK. Dyma chi. Un i bawb. *(y tri'n cymryd taflen)*

Ioan: Beth ydy'r rhain?

Jwdas: Copi ysgrifenedig o'r hyn mae Iesu wedi'i ddweud am ein gwaith ni o hyn ymlaen. *Job descriptions* swyddogol mewn geiriau eraill.

Iago: Beth? Iesu sy wedi rhoi'r rhain i ti?

Jwdas: Na. Fi oedd yn meddwl y byddai'n syniad da rhoi popeth i lawr ar bapur.

Simon Pedr: *(yn darllen)*
"Teitl y swydd – disgybl i Iesu o Nasareth, gyda'r posibilrwydd o ddod yn apostol.
Lleoliad y swydd – gwlad Israel i ddechrau, ond bydd cyfle i deithio wrth i'r swydd ddatblygu."
Beth mae hynny i fod i feddwl? Dydw i ddim eisio teithio. Mae gen i deulu!

Iago: *(eto yn darllen)*
"Cyflog – bendithion Duw, a thrysorau lu yn cael eu cadw mewn cyfrif cadw yn y nefoedd."
O ie! Pwy sy'n prynu swper i ni heno?

Jwdas: Paid â phoeni! Mae digon yn y pwrs ar hyn o bryd.
(taro'i boced gefn yn null hysbyseb Asda)

Ioan: *(yn darllen)* "Amcanion y swydd:
- bod yn bysgotwyr pobl
- cyhoeddi'r newyddion da
- sefydlu Teyrnas Dduw ar y ddaear ac yng nghalonnau pobl
- cyhoeddi edifeirwch a maddeuant
- iacháu'r cleifion."

Simon Pedr: *(yn darllen)* "Telerau'r swydd:
Peidiwch â mynd â phwrs na bag na sandalau gyda chi; a pheidiwch â stopio i gyfarch neb ar y ffordd.
Pan ewch i mewn i gartre rhywun, gofynnwch i Dduw fendithio'r cartre hwnnw cyn gwneud unrhyw beth arall. Os oes rhywun yno sy'n agored i dderbyn y

fendith, bydd yn cael ei fendithio; ond os nad oes, bydd y fendith yn dod yn ôl arnoch chi.

Peidiwch â symud o gwmpas o un tŷ i'r llall; arhoswch yn yr un lle, gan fwyta ac yfed beth bynnag sy'n cael ei roi o'ch blaen chi. Mae gweithiwr yn haeddu ei gyflog.

Os byddwch yn cael croeso mewn rhyw dref, bwytewch beth bynnag sy'n cael ei roi o'ch blaen chi. Iachewch y cleifion yno, a dweud wrthyn nhw, 'Mae Duw ar fin dod i deyrnasu.'

Ond os ewch i mewn i ryw dref heb gael dim croeso yno, ewch allan i'r strydoedd a dweud, 'Rydyn ni'n sychu llwch eich tref chi i ffwrdd oddi ar ein traed ni, fel arwydd yn eich erbyn chi!"
(chwibanu)

Mae'n siŵr fod Iesu wedi dweud hyn i gyd, ond mae gweld y cyfan i lawr ar ddu a gwyn yn codi ofn! Sut yn y byd ydyn ni'n mynd i lwyddo i wneud hyn i gyd?

Jwdas: Roeddwn i'n amau bod pobl heb lawn sylweddoli ystyr bod yn ddisgybl i Iesu o Nasareth.

Ioan: Rhaid i ni gael help i wneud hyn i gyd.

Iago: Bydd. Hyfforddiant. Hyfforddiant Mewn Swydd. Dyddiau HMS cyson.

Jwdas: Does dim cyllid ar gyfer hynny. Rydw i wedi cael gair â Iesu. Mae'n dweud nad oes angen i ni boeni o gwbl.

Simon Pedr: Digon hawdd iddo fo ddweud hynny. Mae Duw yn rhoi gallu arbennig iddo fo. Meddyliwch fel mae o'n iacháu pobl. Jyst fel yna. *(yn null Tommy Cooper)*

Jwdas: Mae Iesu'n dweud ein bod ni'n mynd i wneud y pethau yma hefyd. Mae'n mynd i roi awdurdod arbennig i bob un ohonon ni'r deuddeg.

Iago: Awdurdod? Beth wyt ti'n feddwl?

Jwdas: Dydw i ddim yn gwybod. Rhyw bŵer arbennig.

Simon Pedr: *(wedi bod yn darllen mwy ar y papur)*
Aros funud. Mae 'na sôn yn fan hyn am arestio, a phobl yn ein casáu ni, a'n chwipio.
(yn dyfynnu)
"Gwyliwch eich hunain bob amser rhag yr hyn fydd pobl yn ei wneud i chi. Cewch eich dwyn o flaen yr awdurdodau a'ch chwipio yn eu synagogau. Cewch eich llusgo o flaen llywodraethwyr a brenhinoedd a'ch cyhuddo o fod yn ddilynwyr i mi, a byddwch yn tystiolaethu iddyn nhw ac i'r cenhedloedd eraill amdana i.
Pan gewch eich arestio, peidiwch â phoeni beth i'w ddweud o flaen y llys, na sut i'w ddweud. Bydd y peth iawn i'w ddweud yn dod i chi ar y pryd. Nid chi fydd yn siarad, ond Ysbryd eich Tad fydd yn siarad trwoch chi.
Bydd dyn yn bradychu ei frawd i gael ei ladd, a thad yn bradychu ei blentyn; bydd plant yn troi yn erbyn eu rhieni, ac yn eu rhoi i'r awdurdodau i'w dienyddio. Bydd pawb yn eich casáu chi am eich bod yn ddilynwyr i mi, ond bydd y rhai sy'n sefyll yn gadarn i'r diwedd un yn cael eu hachub. Pan fyddwch yn cael eich erlid yn un lle, dihangwch i rywle arall."

Jwdas: Rydw i wedi darllen y darn yna. Dydw i ddim yn cofio cytuno i ddioddef pan ymunais i â'r Athro. Ond mae'n siŵr mai rhyw *protection clause* ydy hynny – rhag ofn.

Iago: Wel. Rydw i'n mynd i weld Iesu er mwyn cael gwybod sut rydyn ni'n mynd i allu gwneud y gwaith yma.

(Y pedwar yn gadael)

Llais: Ioan 15: 1–8

Cyhoeddiadau'r Gair 2008

Iacháu'r Claf o'r Parlys

Cefndir Beiblaidd: Marc 2: 1–12

Cymeriadau: Saer
Perchennog y tŷ

Offer: Unrhyw offer saer (e.e. pensel uwchben y glust, morthwyl yn y belt, clipfwrdd). Dylai fod llwch llif/llwch yng ngwallt Perchennog y Tŷ, os yn bosibl.

(Y ddau gymeriad yn dod i'r blaen o gyfeiriadau gwahanol.)

Bob-inus: Prynhawn da, Sachareias Jones. Diolch am y neges. Jobyn go fawr o waith i'r cwmni, meddech chi.

Sachareias Jones: Ie wir, Bob-inus. Jobyn go fawr, a jobyn go annisgwyl hefyd. Wn i ddim beth fydd y cwmni yswiriant yn ei ddweud. *Act of God* go iawn, ond pwy fydd yn fy nghredu?

Bob-inus: *(yn edrych braidd yn ddryslyd)*
Y! Iawn, Sachareias Jones. Beth sy'n bod? Drws oddi ar ei echel? Cadair wedi torri? A gyda llaw, Sachareias Jones, wyddoch chi fod gennych chi lwch a phlaster yn eich gwallt? Heb gael cyfle i gribo'ch gwallt ben bore fel hyn?

SJ: *(yn defnyddio'i fysedd i frwsio'i wallt)*
Na, Bob-inus. Mae gen i lwch a phlaster yn fy ngwallt oherwydd y broblem sydd gen i.
(codi'i fawd dde at i fyny a symud ei law i fyny ac i lawr)
Dyna fy mhroblem i!

Bob-inus: *(yn gwneud yr un ystum)*
Iawn, Sachareias Jones. Rydw i'n barod i wneud y gwaith, dim ond i chi esbonio beth ydi o.

SJ: Nage, Bob. *(yn gwneud yr ystum eto, yn fwy amlwg y tro hwn, ac yn edrych at i fyny)*
Dyna'r gwaith i ti!

Bob-inus: *(hefyd yn edrych i fyny o'r diwedd)*
Bobl bach, beth sy wedi bod yn digwydd yma? Holl lu'r nef wedi cael disgo mewn esgidiau hoelion ar eich to?

SJ: Na – wedi cael ymweliad gan yr athro newydd 'na, Iesu o Nasareth.

Bob-inus: O ie. Boi da, medden nhw. Mae'n gallu gwella pobl sâl.

SJ:	Yn hollol. Dyna sydd wedi digwydd yma!

Bob-inus: Dydw i ddim yn deall, Sachareias Jones.

SJ: Roedd y tŷ yma'n llawn y prynhawn 'ma – pobl wedi dod o bob man i glywed Iesu'n dysgu. Roedd pawb yn rhyfeddu wrth glywed ei eiriau. Sylwon nhw ddim beth oedd yn digwydd uwch eu pennau nes i'r plaster a'r pren ddechrau disgyn.

Bob-inus: Beth oedd yn digwydd?

SJ: Rhyw fechgyn oedd wedi cario ffrind oedd yn methu cerdded er mwyn iddo weld Iesu. Achos bod y tŷ yn llawn, roedden nhw'n methu dod i mewn, a dyma nhw'n mynd i ben y to a dechrau gwneud twll er mwyn gollwng y ffrind i lawr at Iesu.

Bob-inus: Beth? Y pedwar ffrind wnaeth y twll yna? Y fandaliaid! Does dim llonydd i'w gael y dyddiau hyn.

SJ: Na! Mae'r pedwar i'w canmol am fod mor driw i'w ffrind – ond fi sy'n mynd i orfod trwsio'r to.

Bob-inus: Mae'n dipyn o dwll.

SJ: Wn i!

Bob-inus: Dipyn o gost hefyd! Pren, ailosod y pren, plaster, mwy o blaster. A'r sgaffaldiau. Dyna sy'n ddrud, wyddost ti.

SJ: OK! Rydw i wedi cael y neges!

Bob-inus: Fe gei di *estimate* cyn diwedd yr wythnos. Lwcus nad ydyn nhw'n addo glaw yr wythnos yma.
(ysgrifennu ar y clipfwrdd)
Beth ddigwyddodd?

SJ: Rydw i wedi dweud beth ddigwyddodd!

Bob-inus: Na! Beth ddigwyddodd i'r boi oedd yn methu cerdded?

SJ: O! Ar ôl i Iesu siarad hefo fo, cododd oddi ar y fatras, a cherdded i ffwrdd.

Bob-inus: Naddo!

SJ: Do. Rydw i'n falch o hynny, er bod difrod i'r to. Cofia, doedd pawb ddim yn hapus.

Bob-inus: O?

SJ: O! na. Roedd 'na rai o Athrawon y Gyfraith yma, yn gwrando ar Iesu. Doedden nhw ddim yn hapus o gwbl bod Iesu wedi meiddio dweud wrth y dyn fod ei bechodau wedi eu maddau.

Bob-inus: Beth ddywedson nhw?

SJ: Dim! Dyna sy'n od. Ddywedson nhw ddim, ond roedd Iesu fel petai'n gwybod beth oedd yn mynd trwy'u meddyliau nhw.

Bob-inus: Pwy yn union ydy'r Iesu yma?

SJ: Wn i ddim. Ond galwodd ei hun yn Fab y Dyn heddiw. Meddylia am hynny!

Bob-inus: Mab y Dyn! Ydy o'n meddwl mai fo ydy'r Meseia?

SJ: Wn i ddim. Ond trueni na wnaeth o drwsio to'r tŷ ar ôl trwsio corff y dyn sâl yna!

Bob-inus: Ia, wel … Dyna ni! Fydda i yma fore Llun am naw ar y dot.

SJ: O ie! Rydw i wedi gweld un wyrth heddiw – ond dydyn nhw ddim yn digwydd yn aml. Bob-inus y Saer yn cyrraedd am naw o'r gloch fore Llun? Mae yna fochyn bach pinc newydd hedfan heibio i mi! Hwyl, Bob-inus!

Bob-inus: *Cheek!* Hwyl, Sachareias Jones.

(y ddau'n gadael y llwyfan)

Cyhoeddiadau'r Gair 2008

Clust Malchus

Cefndir Beiblaidd: Mathew 26: 47–56

Cymeriadau: Clust Malchus

(Daw Clust Malchus i'r blaen/llwyfan a siarad â'r gynulleidfa.)

Clust Malchus:
Rydw i'n gwybod bod hyn yn anodd ei gredu –
ond clust ydw i.
OK?
Pawb yn deall?
Rydych chi'n gwrando ar glust (ha ha) yn siarad gyda chi.

Fi ydy clust Malchus, y gwas.
Wn i ddim a ydy'r enw Malchus yn golygu rhywbeth i chi, ond roedd Malchus (a fi, wrth gwrs) a'm partner yng ngardd Gethsemane pan gafodd Iesu o Nasareth ei arestio.

Pam?
Wel. Roedd Malchus yn casglu coed tân pan waeddodd Caiaffas arno.
Caiaffas ydy'r archoffeiriad.
Bobl bach! Sôn am weiddi'n uchel! Mae angen i bobl sylweddoli bod gweiddi'n uchel fel yna yn gallu brifo clustiau fel fi!
Roedd Caiaffas am i Malchus fynd gyda milwyr y llys i Fynydd yr Olewydd.   Doeddwn i ddim wedi clywed dim am hyn (ac mae hynny'n beth od, achos fel arfer rydw i'n clywed popeth) ond mae'n debyg fod un o ffrindiau Iesu wedi dod at Caiaffas i ddweud bod Iesu yno.

I ffwrdd â ni i gyd i ganol y nos. Sôn am sŵn! Siarad, gweiddi, rhegi! Roeddwn i'n goch fel bitrwt wrth glywed y fath iaith! Sŵn cleddyfau'n clancio, traed yn stampio, dillad yn siffrwd, ambell un yn torri gwynt. Ych a fi! A ffaglau'n hisian wrth losgi a rhoi golau.

Erbyn i ni gyrraedd yr ardd, roeddwn i'n wlyb domen achos bod Malchus yn chwysu cymaint! Roedd ei drwyn druan yn fwy gwlyb fyth! Dyma fi'n clywed y geiriau, "Henffych well, Rabbi", ac yna rhywun hefo'r llais mwyaf ffantastig glywais i erioed yn ateb a dweud "Gwna yr hyn yr wyt yma i'w wneud".

Mae'n debyg fod y milwyr wedi cydio yn Iesu o Nasareth, achos mi ddechreuodd pawb siarad yn uchel ar draws ei gilydd a dadlau, ac yna ...

Aw!
(yn neidio fel rhywun yn cael sioc)

Rydw i'n dal i deimlo'r boen heddiw. Un funud roeddwn i'n sownd ar ochr pen Malchus, a'r funud nesaf roeddwn i ar lawr, a troed rhyw filwr tew yn sathru arna i. Mae angen i hwnnw fynd i *Weight Watchers*!
Dydw i ddim yn gwybod beth ddigwyddodd wedyn. Aeth hi'n nos arna i am ychydig, ond wedyn teimlais ddwylo caredig yn fy nghodi, a'r funud nesaf roeddwn i'n ôl ar ochr pen Malchus.

Clywais yn nes ymlaen bod Iesu o Nasareth wedi fy nghodi a ... wel ... wn i ddim beth ddigwyddodd wedyn, ond roeddwn i'n iawn. Dim poen, dim gwaed, dim byd. Popeth *back to normal*. A dweud y gwir, roeddwn i'n clywed yn well nag erioed! A dyma fi'n clywed ffrindiau Iesu'n rhedeg i ffwrdd a'i adael gyda'r milwyr.

(Saib. Ysgwyd ei ben ac edrych yn drist)

Clywais i lawer o bethau ofnadwy dros y dyddiau nesaf.
Pobl yn gweiddi.
Sŵn chwip a sŵn croen yn rhwygo.
Sŵn gwaed yn dripian ar lawr.
Sŵn lleisiau'n gwneud hwyl am ben Iesu ac yn galw enwau arno.
Sŵn llusgo pren.
Sŵn hoelion.
Lleisiau pobl yn wylo.
Llais Iesu'n gweiddi ar Dduw ...
(saib)
a sŵn distawrwydd.

(saib)

Wyddoch chi beth?
Ers wythnosau bellach, rydw i'n clywed enw Iesu yn fwy a mwy aml.
Pobl yn dweud hanes ei fywyd, a – mae'n siŵr y byddwch chi'n meddwl mod i'n drysu wrth ddweud hyn – ond mae pobl yn dweud bod Iesu'n fyw!
Rydw i'n siŵr fod Malchus am glywed mwy am yr Iesu yma – mae o'n mynd at rai o ffrindiau Iesu i ofyn cwestiynau.
A wyddoch chi beth arall?
Rydw i'n teimlo'n well o lawer wrth i'r enw yma lanio arna i.

Ac un peth arall. Mae'n anodd gen i gredu hyn, a dweud y gwir – ond heno, mae Malchus am fynd i wrando ar y dyn yna ddefnyddiodd ei gleddyf arna i yn yr ardd.

Rhyfedd o fyd!

(exit)

Corlan y Defaid a'r Bugail Da

Cefndir Beiblaidd: Ioan 10

Cymeriadau: Baa-bet y ddafad
Mee-ryl y ddafad
Baa-rbra y ddafad
Lleidr
Bugail Da

Offer: Mae angen i'r "defaid" wisgo fel pe baent yn mynd i barti.
Ffrâm gardfwrdd y gall y Lleidr ei dal o'i flaen fel ffrâm ffenestr.
Drych. Lipstig.

Mae angen pwysleisio'r sain brefu wrth ynganu enwau'r defaid.

(Baa-bet a Mee-ryl yn dod i'r llwyfan yn llechwraidd.)

Baa-bet: Ssh! Paid â gwneud sŵn, Mee-ryl. Mae rhywun yn siŵr o glywed.

Mee-ryl: Dydw i ddim yn gallu cerdded yn ddistaw mewn sodlau uchel. Mae'n well gen i wisgo *trainers.*

Baa-bet: Elli di ddim mynd i barti mewn *trainers!*

Mee-ryl: Dydw i ddim yn siŵr a ydw i am fynd beth bynnag! Lle mae Baa-rbra?

Baa-bet: Yn chwilio am ei lipstig. Dyma hi rŵan.

(Baa-rbra'n dod i'r llwyfan yn cario drych a lipstig.)

Baa-rbra: Haia! Barod i bopio? *(dawnsio yn ei hunfan)*

Mee-ryl: Dydw i ddim yn siŵr am hyn. Sut ydyn ni'n mynd i adael y gorlan?

Baa-rbra: Bydd y gwas wedi hen fynd. Mae'n barod am ei gwpanaid o goco erbyn naw o'r gloch y nos, ac yn chwyrnu erbyn deg!

Baa-bet: Reit! Awê!

(y tair yn symud yn araf a llechwraidd, un ar ôl y llall; Baa-rbra, yna Mee-ryl, yna Baa-bet)

Baa-rbra: *(wrth Baa-bet)* Ssh!

Baa-bet: *(wrth Mee-ryl)* Ssh!

Mee-ryl: *(wrth neb y tu cefn iddi)* Ssh! O! Does neb yma!

Baa-rbra'n actio agor drws, yna ei gau yn sydyn.

Cyhoeddiadau'r Gair 2008

Baa-rbra: O na!

Baa-bet: Be sy'n bod?

Baa-rbra: Y Bugail sy yna, nid y gwas. Mae'n gorwedd ar draws y fynedfa. Does neb yn gallu mynd i mewn nac allan.

Mee-ryl: *(yn teimlo rhyddhad)*
Wel, dyna ni. 'Nôl i'r gwely â ni, felly. Rywbryd eto, efallai!

(Lleidr yn ymddangos ar ochr y llwyfan gan ddal y ffrâm o'i flaen.)

Lleidr: Problem, ferched? *(Y tair yn sgrechian!)* Alla i helpu?

Mee-ryl: Pwy wyt ti?

Lleidr: Rhywun sy'n mynd i roi amser da i chi.

Baa-bet: Ond pwy wyt ti? Dydyn ni ddim wedi cyfarfod o'r blaen.

Lleidr: Dim ots. Fi ydy'r ffrind sy'n mynd i helpu chi i fynd i'r parti heno – drwy'r ffenestr.

Baa-rbra: Dewch, ferched! Bant â'r cart!
(symud tuag at y ffenestr)

Mee-ryl: Paid, Baa-rbra. Dwyt ti ddim yn ei nabod o.

Baa-rbra: Dim ots. Rydw i'n mynd i fwynhau fy hun.

Baa-bet: Ond mae'r Bugail wedi dweud wrthon ni am aros yn y gorlan. Dydyn ni ddim i fod i wrando ar neb arall. Dim ond lladron sy'n dod i'r gorlan trwy ffenestr, medda fo.

Baa-rbra: Mae'r Bugail yn *boring*!

Mee-ryl: Nac ydy. Mae'r Bugail yn dda. Mae'n gofalu amdanon ni bob dydd, yn rhoi bwyd a diod i ni. Mae'n ymladd yn erbyn anifeiliaid gwyllt. Rhaid i ni wrando arno fo.

Baa-rbra: Mae Mee-ryl yn iawn. Wyt ti'n cofio'r Bugail yn dod i chwilio amdanat ti pan est ti ar goll, Baa-rbra?

Lleidr: Dewch, ferched. Rydych chi'n gwastraffu amser.

Llais y Bugail: *(o ochr arall y llwyfan)* Baa-bet? Mee-ryl? Baa-rbra? Ydych chi'n iawn? Rydw i'n clywed eich lleisiau.

Mee-ryl: *(yn uchel)* Dim ond cael *chat* bach, Syr.
(wrth y defaid eraill) Dydw i ddim yn trystio hwn wrth y ffenestr. Rydw i'n adnabod y Bugail. Rydw i'n mynd i aros yma hefo fo.

Baa-bet: A fi!
Callia, Baa-rbra. Rhaid i ti wrando ar y Bugail.

Baa-rbra: *(ochneidio)*
OK! OK! Mae'n debyg mai chi sy'n iawn. Dim parti i ni heno – eto!

Lleidr: Iawn, ferched. Eich colled chi!
(gadael)

Mee-ryl: *(yn tynnu ei sgidiau sodlau uchel)*
Dyna welliant! Fy nhraed bach i! Gwely amdani.

Baa-bet: Nos da, bawb!

Pawb: Nos da!

(exit pawb)

Llais y Bugail:

Credwch chi fi, lleidr sy'n dwyn ydy'r un sy'n dringo i mewn i gorlan y defaid heb fynd drwy'r giât. Mae'r bugail sy'n gofalu am y defaid yn mynd i mewn drwy'r giât.   Mae'r un sy'n gwylio'r gorlan dros nos yn agor y giât iddo, ac mae ei ddefaid ei hun yn adnabod ei lais. Mae'n galw pob un o'i ddefaid wrth eu henwau, ac yn eu harwain nhw allan.   Ar ôl iddo fynd â nhw i gyd allan, mae'n cerdded o'u blaenau nhw, ac mae ei ddefaid yn ei ddilyn am eu bod yn adnabod ei lais.   Fyddan nhw byth yn dilyn rhywun dieithr. Dydyn nhw ddim yn adnabod lleisiau dieithriaid, a byddan nhw'n rhedeg i ffwrdd oddi wrthyn nhw.

Fi ydy'r bugail da. Mae'r bugail da yn fodlon marw dros y defaid. Mae'r gwas sy'n cael ei dalu i ofalu am y defaid yn rhedeg i ffwrdd pan mae'n gweld y blaidd yn dod. (Nid fe ydy'r bugail, a does ganddo ddim defaid ei hun.) Mae'n gadael y defaid, ac mae'r blaidd yn ymosod ar y praidd ac yn eu gwasgaru nhw.   Dim ond am ei fod yn cael ei dalu mae'n edrych ar ôl y defaid, a dydy e'n poeni dim amdanyn nhw go iawn.

Fi ydy'r bugail da. Dwi'n adnabod fy nefaid fy hun ac maen nhw'n fy adnabod i – yn union fel y mae'r Tad yn fy adnabod i a minnau'n adnabod y Tad. Dw i'n fodlon marw dros y defaid.

Dim Ymprydio!

Cefndir Beiblaidd: Marc 2: 18–22

Cymeriadau: 2 gynrychiolydd o ddau fudiad colli pwysau megis Slimming World/ Weightwatchers/Clwb Colli Pwysau etc.

Offer: Arwyddion yn dangos enw'r mudiadau ac amser dechrau'r cyfarfod Clorian

---

(Y ddau gynrychiolydd yn sefyll wrth ymyl yr arwydd priodol, ac yn edrych ar eu wats yn aml. Edrych o gwmpas fel petaen nhw'n disgwyl pobl i gyrraedd.)

Person 1: Mae'n dawel yma heno.

Person 2: Ydy. Efallai fod y traffig yn drwm. Mae strydoedd Capernaum wedi mynd yn brysur iawn yn ddiweddar. Mae angen gwneud canol y dref yn *camel-free zone*!

Person 1: Faint o aelodau sy gen ti erbyn hyn?

Person 2: Tua dwsin, ond wn i ddim faint ddaw heno.

Person 1: Snap!
(saib)
Oes llai o bobl yn dod yn ddiweddar?

Person 2: Pam wyt ti'n gofyn? Oes llai o bobl yn dod atat ti?

Person 1: Na … Wel, oes a dweud y gwir. Mae llai a llai yn dod ers wythnosau.

Person 2: Mae'r un peth yn digwydd hefo fi. Roedd pawb yn dod yn rheolaidd bob wythnos am 7.00 o'r gloch ar nos Iau i gael eu pwyso. Ac roedd ambell un yn gwneud yn dda. Roeddwn i am anfon hanes dau gleient i gystadleuaeth *Slimmer of the Year.* Ond maen nhw i gyd wedi colli diddordeb ers tua mis.

Person 1: Dyna sy wedi digwydd hefo fy ngrŵp innau hefyd. Rydw i'n methu deall pam. Roedd pawb mor awyddus i golli pwysau ar ôl y *Saturnalia*, a gwleddoedd y lleuad llawn.

Person 2: Fo sy ar fai!

Person 1: Fo? Pwy?

Person 2: Fo! Y dyn Iesu yna. Iesu o Nasareth.

Person 1: Iesu o Nasareth?! Y Rabi newydd 'na mae cymaint o sôn amdano? Pam? Ydy yntau wedi agor Clwb Colli Pwysau?

Person 2: Paid â bod yn wirion! Ond mae o'n dysgu pobl fod dim angen iddyn nhw golli pwysau.

Person 1: Y?! Ers pryd?

Person 2: Rwyt ti'n gwybod bod llawer o'r bobl ffordd hyn yn ymprydio weithiau – yn peidio bwyta am gyfnod am resymau crefyddol. Pobl fel y Phariseaid a disgyblion y *nutter* Ioan Fedyddiwr yna.

Person 1: Wrth gwrs mod i'n gwybod. Mae hynny wedi helpu ambell un o'r cleients i gyrraedd y *target weight loss* am yr wythnos.

Person 2: Wel, mae Iesu wedi dweud bod dim angen ymprydio!

Person 1: Na!

Person 2: Ydy. Mae o wedi dweud bod neb yn mynd i beidio â dathlu a mwynhau pan maen nhw mewn gwledd briodas yng nghwmni'r priodfab.

Person 1: Priodfab? Pwy sy'n priodi? Pryd mae'r briodas?

Person 2: Does dim priodas, y lembo! Siarad yn ffigurol mae Iesu. Mae'n debyg ei fod o am i bawb fwynhau ei gwmni cyn iddo adael.

Person 1: Pam? Ble mae o'n mynd? Rhywle pell, gobeithio!

Person 2: (*yn ddiamynedd*) Wn i ddim. Ond dyna pam mae pobl wedi stopio dod aton ni i golli pwysau. Maen nhw wedi bod yn gwrando ar Iesu ac wedi penderfynu nad oes angen poeni am ddeiets a chalorïau.

Person 1: Ond rydyn ni'n colli arian!

Person 2: Mi wn i hynny. Rhaid i ni wneud rhywbeth. Rydw i wedi clywed bod y Phariseaid yn reit *iffy* am yr Iesu yma hefyd ... a'r Adran Drethi ... ac Athrawon y Gyfraith. Mae gen i ychydig o gontacts hefo'r bobl yna. Ga i air hefo un neu ddau ohonyn nhw a dechrau corddi'r dyfroedd ychydig bach. Wel – does dim pwynt i ni aros yma. Wyt ti'n dod am lonc bach?

Person 1: Iawn! I lawr at y llyn ac yn ôl?

Person 2: Iawn. I ffwrdd â ni!
(*y ddau'n loncian yn eu hunfan am ychydig ac yna'n gadael y llwyfan*)

Llais: Marc 2: 18–22

Dydy hyn ddim yn Deg!

Cefndir Beiblaidd: Mathew 20: 1–16 a 21: 28–32.
Dameg y Gweithwyr yn y Winllan, a Dameg y Ddau Fab

Cymeriadau: Tri pherson sy newydd gyrraedd y nefoedd:
Person 1: y lleidr ar y groes wedi edifarhau ar y funud olaf
Person 2: wedi edifarhau'n fuan ar ôl cyfarfod â Iesu
Person 3: wedi gwrthod Iesu i ddechrau, ac yna wedi dod yn ddisgybl
Darllenydd

Offer: Arwydd mawr NEFOEDD wedi'i osod mewn lle amlwg

(Person 2 yn dod i'r llwyfan ac yn edrych o'i gwmpas. Gweld yr arwydd ac yn dyrnu'r awyr –
rhyw fath o ystum "Ie! Rydw i wedi cyrraedd!"
Person 3 yn dod i'r llwyfan.)

Person 3:   Helô! Newydd gyrraedd?

Person 2:   Ie. Wedi dod at fy ngwobr o'r diwedd. Rydw i wedi edrych ymlaen at hyn ers i mi gyfarfod yr Arglwydd am y tro cyntaf.

Person 3:   Pryd oedd hynny?

Person 2:   Dechreuais i ddilyn Iesu ddau ddiwrnod ar ôl iddo ddechrau pregethu yn ardal Capernaum.

Person 3:   Waw! Grêt! Oeddet ti'n nabod y disgyblion?

Person 2:   Oeddwn, wrth gwrs. Roeddwn i'n ffrindiau reit dda hefo Iago ac Ioan.

Person 3:   Waw! Grêt!

Person 2:   Beth amdanat ti? Wyt ti wedi credu yn y Meseia ers amser hir?

Person 3:   Dim ond ers tua blwyddyn. Wnes i gyfarfod gyda Iesu tua blwyddyn cyn hynny, ond roeddwn i'n meddwl ei fod o'n granc.

Person 2:   Cranc? Pam?

Person 3:   Roedd y peth yn amhosibl. Ar ôl yr holl flynyddoedd o ddisgwyl – y Meseia wedi dod o'r diwedd. Y Meseia, yn siarad fel pawb arall, ac yn bwyta ac yn yfed, a chwerthin, a blino. Roeddwn i'n amheus iawn.

Person 2:   *(golwg hunangyfiawn ar ei wyneb)*
Roeddwn i'n gwybod yn syth bìn.

Person 3:   *(braidd yn ddiamynedd)*
Ia, wel. Mae rhai ohonon ni'n fwy dall na'i gilydd.

Person 2: Ond yr hyn sy'n bwysig ydy edifarhau a dod at Iesu. Er, rydw i'n gobeithio bod yna *reception* arbennig ar gyfer pobl fel fi sy wedi bod yn ffrind da i Iesu.

(Person 1 i'r llwyfan – golwg blêr arno)

Person 1: Haia! Newydd gyrraedd ydych chi? Croeso mawr.

Person 3: *(ychydig yn sych)* Pwy ydych chi?

Person 1: Dafydd – Casglwr Trethi.
(cynnig ysgwyd llaw, ond y ddau arall yn cymryd cam yn ôl)

Person 2: Casglwr Trethi? A rydych chi wedi cyrraedd yma o'n blaenau NI?

Person 1: Rydw i yma ers tua tri diwrnod.   Doeddwn i ddim yn disgwyl dod yma, a dweud y gwir. Fi – yn y nefoedd ar ôl dwyn a thwyllo fy ffrindiau, a'r Rhufeiniaid. Doeddwn i ddim yn gall. Does dim rhyfedd bod y Rhufeiniaid wedi fy nghroeshoelio i.

Person 3: Croeshoelio? Pwy wnaeth adael i TI ddod i'r nefoedd?

Person 1: Angel agorodd y drws i mi. Un funud roeddwn i ar y groes yn siarad gyda'r boi arall yma. Dydw i ddim yn siŵr pwy oedd o, ond roeddwn i'n ei drystio fo, ac yn gwybod ei fod o'n ddyn da. Roeddwn i'n teimlo'n ofnadwy wrth siarad hefo fo – fel petawn i angen bath. Roedd hynny'n wir, achos ar ôl bod ar y groes am ychydig roeddwn i'n *filthy*. Beth bynnag, roedd o'n siarad fel petai o'n gwybod sut oeddwn i'n teimlo. Dyma fo'n dweud mod i'n mynd i fod hefo fo ym Mharadwys. A bingo! Dyma fi! Yma!

Person 2: Beth? Doeddet ti ddim yn un o ddilynwyr Iesu ar y ddaear?

Person 1: Dyna ti! Iesu. Dyna enw'r boi. Na. Dim ond ar y groes wnes i gyfarfod hefo fo.

Person 3: Wnest ti drio byw bywyd da ar y ddaear?

Person 1: Ches i ddim cyfle! Dim ond ar y groes y sylweddolais i fod rhywbeth o'i le ar fy mywyd!

Person 2: Ti! Yma o'n blaen ni! NI! – sydd wedi credu yn Iesu a'i ddilyn.

Person 3: Yma o mlaen i! FI! – sydd wedi dilyn Iesu o'r diwrnod cyntaf un! Mae hyn yn ofnadwy. Dylai fod lle gwahanol i bobl fel fi. A dweud y gwir, dylwn i fod mewn lle gwell na ti *(troi at Berson 2)* – i feddwl mod i'n mynd i dreulio tragwyddoldeb yng nghwmni Casglwr Trethi anonest!

Person 2: Rydw i'n meddwl bod lle i ni gwyno. Beth am fynd i chwilio am rywun mewn awdurdod?

Person 3: Syniad da!

(Person 2 a 3 yn gadael)

Person 1: Chwilio am rywun mewn awdurdod! Ar bwy maen nhw wedi bod yn gwrando dros y blynyddoedd diwethaf?

Darllenydd: Mathew 20: 16
Mathew 21: 28–32

Cyhoeddiadau'r Gair 2008

Iacháu Dyn yn Dioddef o'r Gwahanglwyf

Cefndir Beiblaidd: Marc 1: 40–45; Lefiticus 14

Cymeriadau: Offeiriad
Dyn â'r gwahanglwyf

Offer: Tystysgrif (sgrôl). Arwydd mewn lle amlwg – Swyddfa'r Offeiriad

---

(Offeiriad ar y llwyfan yn ysgrifennu neu yn darllen wrth fwrdd. Sŵn rhywun yn curo ar ddrws.)

Offeiriad: Dewch i mewn, dewch i mewn. *(Dyn â'r gwahanglwyf i mewn)* O ie. Mr ... ym! Y dyn sy'n credu ei fod wedi cael ei iacháu o'r gwahanglwyf.

Dyn: Rydw i'n gwybod mod i'n iach. Ac Iesu o Nasareth ydy'r un sydd wedi fy iacháu i. Iesu ddywedodd wrtha i am ddod atoch chi i offrymu dros lanhad yn ôl cyfraith Moses.

Offeiriad: Ie, ie. Rydw i wedi clywed dy stori. Est ti at yr Iesu yna, y saer coed o Nasareth sy'n meiddio dysgu pobl am Dduw. Pwy mae o'n feddwl ydy o? Dydy o ddim wedi astudio'r gyfraith! Rwyt ti wedi dweud dy fod ti wedi gofyn i Iesu dy iacháu di – a'r eiliad honno, dyma dy afiechyd di'n diflannu!

Dyn: Ond, Syr ... rydych chi'n gallu gweld bod pob arwydd o'r afiechyd ar fy nghorff wedi mynd.

Offeiriad: Dydw i ddim yn gallu gweld unrhyw afiechyd ar dy groen, mae hynny'n wir – ond efallai mai *remission* ydy hynny. Rhaid i ti ddilyn yr holl ddefod lanhad cyn y galla i roi tystysgrif i ti.

Dyn: Unrhyw beth, Syr. Dim ond i mi gael mynd yn ôl i fyw at fy nheulu.

Offeiriad: Iawn. Wel, Rhan Un o'r ddefod ydy hyn.
Rhaid cael dau aderyn, pren cedrwydd, edau goch ac isop.
Byddwn ni'n lladd un o'r adar uwchben dŵr pur mewn powlen.
Wedyn byddwn ni'n trochi'r aderyn arall, yr aderyn byw, y pren, yr edau a'r isop yn y gwaed, ac yn gwasgaru'r cyfan drosot ti.

Dyn: *(yn crychu'i drwyn)*
Ych a fi!

Offeiriad: *(yn edrych yn flin arno)* Wyt ti am gael y dystysgrif yna?

Dyn: Ydw. Plîs.

Offeiriad: Rhaid i ti wrando, felly, a dilyn fy nghyfarwyddiadau i i'r lythyren.
Ar ôl gollwng yr aderyn byw yn rhydd, rhaid i ti olchi dy ddillad a dy gorff.
Ac wedyn bydd yn rhaid i ti aros am saith diwrnod.

Dyn: Beth wedyn?

Offeiriad: Rhaid i ti ddod yn ôl yma, i mi dy weld eto, rhag ofn bod yr haint wedi dod yn ôl.

Dyn: Fydd hynny ddim yn digwydd. Mae Iesu wedi fy iacháu.

Offeiriad: Wedyn, bydd angen i ti shafio dy wallt, dy farf, a dy aeliau.
(Dyn yn tynnu stumiau)
Byddwn ni'n offrymu ar dy ran wedyn, a bydda i'n cyffwrdd dy glust dde, bawd dy law dde, a bawd dy droed dde hefo gwaed yr anifail, a hefo olew sanctaidd.

Dyn: Cymhleth iawn!

Offeiriad: Cyfraith Moses, dyna i gyd. Mae popeth yng nghyfraith Moses. Os bydda i'n gweld wedyn bod dim ôl haint ar dy gorff, fe gei di'r dystysgrif swyddogol i ddweud dy fod ti'n lân.

Dyn: Clod i Iesu!

Offeiriad: Sh! Paid â chablu. Os wyt ti'n iach, yna Duw sydd wedi dy iacháu, nid saer coed o Nasareth!

Dyn: Na! Mae Duw yn gwneud ei waith drwy'r saer coed yna. Rhaid i chi fynd i wrando arno, i chi weld drosoch eich hun.

Offeiriad: Fi?! *Never in Israel!*
Iawn, dyna ddiwedd ar ein cyfarfod. Cofia! Paid â dweud dy stori wirion wrth neb arall.
(yr offeiriad yn gadael y llwyfan)

Dyn: *(wrth y gynulleidfa)*
Rhyfedd! Dyna ddywedodd Iesu hefyd. Ond mae gen i ofn mod i wedi anufuddhau yn barod! Ydych chi'n gweld bai arna i? Un funud rydw i bron â marw oherwydd y salwch yma. A'r funud nesa, mae gen i fywyd newydd sbon o'm blaen – a'r cyfan oherwydd Iesu o Nasareth. Bril!! *(neu unrhyw ymadrodd arall sy'n addas i oedran y cymeriad)*

(Y dyn â'r gwahanglwyf – sydd wedi ei iacháu o'r gwahanglwyf (!) – yn gadael.)

Edrychwch yng Ngheg y Pysgodyn!

Cefndir Beiblaidd: Mathew 17: 24–27

Cymeriadau: Person 1
Person 2

Offer: Gwialen bysgota/rhwyd bysgota

(Y ddau gymeriad yn dod i'r llwyfan o gyfeiriadau gwahanol ac yn cyfarch ei gilydd.)

Person 1: Braf heddiw.

Person 2: Ydy. Braf iawn.

(Person 1 yn edrych o gwmpas – sylwi ar rywbeth yn y pellter)

Person 1: Beth sy'n digwydd fan acw?

Person 2: Lle?

Person 1: Wrth y lanfa. Mae tua ugain o bobl yn sefyll yno mewn rhes.

Person 2: O! *(chwerthin)* Maen nhw'n pysgota.

Person 1: Pysgota? Ar y lan? Gyda gwialen? Mae'r rhan fwyaf o bobl y ffordd hyn yn pysgota gyda rhwyd.

Person 2: Mae Seimon wedi dechrau ffasiwn newydd heddiw.

Person 1: Beth wyt ti'n feddwl?

Person 2: Melci, casglwr trethi'r deml, ddywedodd wrtho i. Rydw i'n meddwl mai lol ydy'r cyfan, ond mae'n amlwg fod y bobl fan acw wedi credu'r cyfan – *hook, line and sinker*!
(chwerthin eto)

Person 1: *(yn ddiamynedd)*
Wnei di plîs egluro am beth wyt ti'n sôn?!

Person 2: Aeth Melci, a'r dyn sy'n ei helpu gyda chyfrifon y Deml, at Seimon a gofyn am ddau ddrachma ganddo, a dau ddrachma gan Iesu i dalu treth y Deml. Aeth Seimon yn ôl i'r tŷ at Iesu, ac ar ôl trafod pwy ddylai dalu'r dreth dyma Iesu'n dweud wrth Seimon am fynd at y llyn, i daflu bachyn i'r dŵr ac i edrych yng ngheg y pysgodyn cyntaf roedd yn ei ddal.

(saib)

Person 2: Ac?

Person 1: Dywedodd Melci fod Seimon wedi dod o hyd i ddarn o arian gwerth pedwar drachma yng ngheg y pysgodyn.

Person 2: O ie! Tynna'r goes arall – mae 'na glychau Nadolig ar honno! Beth ydy'r cysylltiad rhwng hynny a'r criw fan acw?

Person 1: Mae pawb yn meddwl y gallan nhw ddal pysgod hefo pres! Mae rhai wedi dechrau edrych yng ngheg yr holl bysgod gafodd eu dal neithiwr!

Person 2: Na!

Person 1: *Nonsens* llwyr ydy'r stori, wrth gwrs, ond dyna ni. Mae 'na ddigon o bobl sy'n barod i gredu lol.

(Person 1 yn troi ac yn dechrau cerdded i ffwrdd)

Person 2: Ble wyt ti'n mynd?

Person 1: I'r tŷ. Rydw i'n siŵr fod hen wialen bysgota Dad yno yn rhywle.

Person 2: Y!? Roeddwn i'n meddwl mai nonsens oedd y stori!

Person 1: Efallai – ond mae treth y deml yn ddyledus gen i hefyd, a dydw i ddim yn mynd i golli cyfle. Tyrd, cyn i'r llanw droi!

Person 2: Nefi bliw!

(exit y ddau)

Emaus

Cefndir Beiblaidd: Marc 16: 12–13; Luc 24: 13–35

Cymeriadau: Cleopas
Ffrind Cleopas
Gwraig Cleopas (*dylai hon fod yn gymeriad "bossy"*)

(Cleopas a'i ffrind yn dod i'r llwyfan. Cyfnewid "High Fives"/dyrnu'r awyr/cydio braich a dawnsio mewn cylch i'r dde ac yna i'r chwith – unrhyw beth sy'n cyfleu llawenydd mawr.)

Gwraig Cleopas: *(o ochr y llwyfan)*
Cleopas? Wyt ti wedi edrych yn yr ardd?

Cleopas: Naddo, cariad.

Gwraig Cleopas: Wyt ti wedi mynd at yr afon i chwilio?

Cleopas: Naddo, cariad.

(Gwraig Cleopas yn martsio ar y llwyfan, a sefyll yn fygythiol o flaen Cleopas a'i ffrind)

Gwraig Cleopas: Beth wyt ti *wedi'i* wneud, felly?

Cleopas: Dim, cariad. Does dim pwynt.

Gwraig Cleopas: Dim pwynt?! Gwrandewch yn ofalus, y ddau ohonoch chi. Rydw i wedi bod yn croesawu pobl i'r tŷ yma ers dros 30 mlynedd. Rydw i wedi methu cynnig pwdin weithiau, a rydw i hyd yn oed wedi rhedeg allan o fara unwaith neu ddwy. Ond dydw i *ddim* wedi colli *gwestai* o'r blaen, a dydw i ddim yn bwriadu gwneud hynny heddiw chwaith!

Ffrind: Ond dydy o ddim ar goll. Wedi mynd mae o, dyna i gyd.

Gwraig Cleopas: Wedi mynd? Wedi mynd? Sut? I ble? Un funud roedd o'n eistedd hefo chi yn barod i gael bwyd. Roeddech chi wedi gofyn iddo ddweud bendith. Dydw i ddim yn gwybod pam wnaethoch chi droi'n wyn. Dywedodd o ddim byd newydd. Ta waeth, dyma fi'n mynd i nôl platiau, ac erbyn i mi ddod yn ôl roedd o wedi mynd, heb ddweud plîs na diolch! A welais i neb yn gadael.

Cleopas: Gwranda, cariad. Nid teithiwr cyffredin oedd y dyn yna. Iesu oedd o.

Gwraig Cleopas: Bobl bach, wyt ti wedi colli dy bwyll ar ben colli gwestai?
(yn siarad fel rhywun yn siarad wrth blentyn)
Cleopas, mae Iesu wedi marw. Welson ni ei gorff ym mreichiau Mair. Welson ni Joseff o Arimathea'n ei lapio mewn lliain. Welson ni'r bedd. Rhaid i ti dderbyn y ffeithiau – mae Iesu wedi mynd.

Cyhoeddiadau'r Gair 2008

Ffrind: Nac ydy. Fo oedd wrth y bwrdd! Dyna pam wnaeth y ddau ohonon ni droi'n wyn. Wrth ei weld yn torri'r bara ac yn gweddïo, wnaethon ni sylweddoli – Iesu oedd yno!

Cleopas: Ond roeddech chi wedi cerdded hefo fo am filltiroedd! Yr holl ffordd o Jerwsalem i Emaus! Fuoch chi'n siarad hefo fo yr holl amser.

Cleopas: Do. Siarad am bopeth oedd wedi digwydd yn Jerwsalem. Siarad am y proffwydi, ac addewidion Duw.

Gwraig Cleopas: Ond rydych chi'n ei adnabod ers blynyddoedd. Pam wnaethoch chi ddim ei adnabod yn syth?

Ffrind: Wn i ddim. Am ryw reswm roedden ni'n methu. Ond Iesu oedd yno! Does dim pwynt i ti chwilio amdano. Mae Iesu'n fyw!

Gwraig Cleopas: Os ydy Iesu'n fyw, yna lle mae o?

Cleopas: Wn i ddim, ond rydw i'n gwybod i ble rydw i'n mynd ... i Jerwsalem.

Gwraig Cleopas: I Jerwsalem? Ond newydd ddod o Jerwsalem wyt ti!

Cleopas: Dim ots. Rhaid i mi fynd i ddweud wrth bawb arall.
(troi at ei ffrind)
Wyt ti am ddod?

Ffrind: Tria di fy rhwystro i!

Cleopas: *(rhoi cusan i'w wraig)*
Hwyl, cariad. Fyddwn ni ddim yn hir. Rydw i'n teimlo fel rhedeg yr holl ffordd.

Ffrind: Hwyl!

(exit y ddau)

Gwraig Cleopas: Diflannu? Iesu'n fyw?
(edrych o'i chwmpas a galw allan yn betrusgar)
Iesu? Helô? Wyt ti yna?
(edrych o dan y bwrdd)
Twt lol – rydw i'n mynd mor wirion â Cleopas!

(exit)

Cyhoeddiadau'r Gair 2008

Gadewch i Blant ddod ata i

Cefndir Beiblaidd:	Mathew 19: 13–15; Marc 10: 13–16; Luc 18: 15–17
Cymeriadau:	Pedr Ioan Bartholomeus Darllenydd
Offer:	Pecyn o glytiau babi Potel babi Talc Teganau babi/plant 3 cadair ar y llwyfan yn barod

(Y tri yn dod i'r llwyfan yn cario un o'r uchod, ac yn eistedd ar y cadeiriau mewn ffordd sy'n dangos eu bod yn flinedig iawn.)

Bartholomeus: Ffiw! Diolch byth! Maen nhw i gyd wedi mynd.

Pedr: Ti'n dweud wrtho i! Byth eto! Os ydy Iesu'n gwneud yr un peth eto, rydw i'n gadael. Finito! Diolch a gwd bei!

Ioan: Beth sy'n bod arnoch chi? Doedden nhw ddim mor ddrwg â hynny!

Pedr: O? A beth sy'n waeth na deg o fabis a tots bach i gyd angen sylw – a ninnau'n gorfod gofalu amdanyn nhw?

Bartholomeus: Ie. Digon hawdd i Iesu fendithio plant a gweddïo drostyn nhw. Ond mae'n disgwyl i NI edrych ar ôl y cnafon pan mae'n siarad gyda'r mamau.

Pedr: Ni! Pysgotwyr ydyn ni, nid gweithwyr yn Crèche Tots Bach Tiberias!

Ioan: Roedd y tri oedd gen i yn blant bach da.

Bartholomeus: Doedd yr un ohonyn nhw angen newid clwt!

Ioan: Gwir *(gwenu ar Bartholomeus)*. Dyna ti wedi dysgu rhywbeth newydd heddiw, Bartholomeus. Rwyt ti'n gwybod sut i daenu talc rŵan, ac nid taenu rhwyd bysgota yn unig. *(chwerthin)*

Pedr: Ac i ble aeth y gweddill? Diflannodd pawb yn sydyn iawn.

Bartholomeus: Do. Wn i ddim pam fod angen naw dyn cryf i gario 13 bag o chips i swper!

Pedr: Dydy plant ddim fel y buon nhw. Fyddwn i ddim wedi meiddio siarad fel roedd y Dafydd bach yna'n siarad gyda mi. Sôn am gegog!

Cyhoeddiadau'r Gair 2008

Bartholomeus: Os wyt ti'n gofyn i mi, roedd y merched yn waeth. Meddyliwch am y Maria fach yna yn tynnu barf Pedr!

Ioan: Ond roedden nhw i gyd yn hapus ac yn ymddiried ynddon ni. Roeddwn i wrth fy modd pan wnaeth Rebecca a Samiwel gydio yn fy llaw a gofyn i mi chwarae Gee Geffyl Bach. A roeddet ti, Pedr, yn mwynhau dysgu Dafydd sut i sgimio carreg ar draws y llyn.

Pedr: Oeddwn – ar ôl iddo gau ei geg a gwrando!

Ioan: Wel, dyna ni. Efallai mai dyna'r rheswm pam y dywedodd Iesu y geiriau yna.

Bartholomeus: Bod teyrnas Dduw yn perthyn i bobl sy fel plant? Rwyt ti'n OK felly, Ioan! (chwerthin)

Pedr: Na, rwyt ti'n iawn, erbyn meddwl, Ioan. Roedd y plant yn ymddiried ynddon ni, ac yn mwynhau bod yn ein cwmni ni. Roedden nhw'n barod i ddysgu oddi wrthon ni hefyd.

Ioan: Roedden nhw wrth eu bodd – yn chwerthin ac yn mwynhau pob munud.

Pedr: Felly mae Iesu am i ni fod fel plant er mwyn etifeddu teyrnas Dduw. Rhaid i ni fod yn barod i ymddiried yn Nuw.

Ioan: A gwrando arno.

Bartholomeus: A mwynhau bod yn ei gwmni.

(saib wrth i'r tri feddwl am hyn)

Pedr: Iawn. Dewch, Nanny Ioan a Nanny Bartholomeus! Mae'n amser swper!

Ioan: Pysgodyn ffres o lyn Galilea a chips.

Bartholomeus: Ac os wyt ti'n clirio dy blât, fe gei di afal coch wedyn!

(y tri'n chwerthin wrth adael y llwyfan)

Darllenydd: Luc 18: 15–17

Cyhoeddiadau'r Gair 2008

Glanhau'r Deml

Cefndir Beiblaidd: Mathew 21: 12–17;
Marc 11: 15–19;
Luc 19: 45–48;
Ioan 2: 12–17

Cymeriadau: Pererin 1
Pererin 2
Sadrach, gwerthwr anifeiliaid
Eli, cyfnewidiwr arian yn y Deml

(Pererin 1 a 2 i'r llwyfan.)

Pererin 1: Wel! Dyma ni yn Jerwsalem o'r diwedd.

Pererin 2: Ie. Sôn am sŵn! Mae'n rhaid bod gweddill y byd yn wag – mae pawb yn y brifddinas!

Pererin 1: Wyt ti am brynu dafad ym marchnad Jerwsalem?

Pererin 2: Na, does dim pwynt. Mae archwilwyr y deml yn siŵr o ddweud bod nam arni. Waeth i ni brynu'r offrwm yn y Deml – er bod hynny'n costio llawer mwy!

Pererin 1: Mae hynny'n fy ngwylltio i! Dydw i ddim yn deall Caiaffas yr archoffeiriad yn gadael i'r fath beth ddigwydd – ac yn y Deml o bob man!

Pererin 2: Hy! Annas, ei dad-yng-nghyfraith, sy'n berchen ar y rhan fwyaf o'r siopau yno! Mae'r teulu'n gwneud ffortiwn.

Pererin 1: Edrych! Dacw Sadrach, y gwerthwr offrwm. Beth am ofyn iddo oes 'na ddefaid go dda yn y Deml heddiw?

(Sadrach ac Eli i'r llwyfan – pawb yn cyfarch ei gilydd gyda "Shalom")

Pererin 1: Mar golwg ddigalon arnoch chi'ch dau heddiw. Roeddwn i'n meddwl bod busnes wythnos y Pasg yn llenwi'ch pocedi!

Sadrach: Roedden ni'n meddwl hynny hefyd.

Pererin 2: Rydyn ni ar ein ffordd i'r Deml i brynu offrwm. Oes gen ti oen bach del i ni heddiw, Sadrach?

Sadrach: Nac oes. Dim un.

Pererin 1: Busnes yn dda, felly. Wel, beth am golomen neu ddwy? Rhai gwyn, wrth gwrs.

Sadrach: Na. Does gen i ddim colomen chwaith.

Pererin 2: *(yn dangos syndod ar ei wyneb)* O?! Iawn, awn ni i weld a gawn ni brynu gan rywun arall.

Sadrach: Does dim pwynt! Chewch chi ddim buwch, oen, dafad, colomen, turtur na hyd yn oed bochdew yn y Deml heddiw. Maen nhw i gyd wedi mynd. Pob un wan jac!

Pererin 1: Y? Pam? Beth sy wedi digwydd? Clwy'r traed a'r genau?

Sadrach: Y dyn lloerig yna, Iesu, ddaeth i'r Deml tuag awr yn ôl a mynd yn hollol nyts! Defnyddio chwip ar y byrddau, gan ddychryn yr anifeiliaid a gwneud iddyn nhw redeg yn wyllt. Maen nhw i gyd wedi dianc.

Pererin 2: Iesu? Iesu o Nasareth?

Eli: Ie. Ac mae mwy na'r anifeiliaid wedi mynd ar goll. Roedd Iesu mor wyllt, dyma fo'n troi fy mwrdd i, a byrddau'r cyfnewidwyr arian eraill, a rholiodd yr arian i bob man. Erbyn i ni ddod dros y sioc, a symud, roedd y cyfan wedi mynd. Dim ond deg denarius sy gen i ar ôl!

Pererin 1: Ond pam? Pwy wylltiodd Iesu? Mae o fel arfer mor addfwyn. Gwên a gair caredig ganddo i bawb.

Eli: Mae'n nyts! Roedd yn dweud rhywbeth am ei dad, a thŷ gweddi, a'n bod ni fel ogof lladron! Ni! *Service providers*, dyna ydyn ni. Ble fyddai pawb heb bobl fel ni i ddarparu anifeiliaid i'r offrwm a darnau o arian addas i dalu treth y Deml?! Ar goll! Nyts – mae Iesu o Nasareth yn nyts!
(exit Eli a Sadrach)

Pererin 1: Wel, wel! Beth wnawn ni?

Pererin 2: Prynu anifail offrwm yn y farchnad arferol, felly. Peth da ein bod ni wedi talu treth y deml cyn dod!

Pererin 1: Ie. *(dechrau gwenu ac yna chwerthin)*

Pererin 2: Be sy?

Pererin 1: Dim ond dychmygu'r olygfa pan ddechreuodd Iesu ar ei giamocs!

Pererin 2: *(hefyd yn chwerthin, yna'n stopio'n sydyn)*
Er, cofia, fyddwn i ddim yn hoffi bod yn esgidiau Iesu pan fydd yr Archoffeiriaid yn sylweddoli beth ddywedodd o am y deml. Meddylia – Tŷ *fy* nhad! Byddan nhw'n gandryll!

Pererin 1: Tyrd – rhag ofn i bawb benderfynu prynu offrwm yn y farchnad.

(exit Pererin 1 a 2)

Golchi Traed y Disgyblion

Cefndir Beiblaidd: Ioan 13: 1–17

Cymeriadau: Tywel 1
Tywel 2
Marian, y forwyn

Offer: Bydd angen pinio tywel mawr ar flaen y cymeriadau Tywel 1 a 2

(Marian yn dod i'r llwyfan yn gafael yng ngwegil Tywel 1 a Tywel 2.)

Marian: Reit. Dyna fi wedi casglu'r tywelion budr o'r ystafell i fyny grisiau. Clirio'r bwrdd ydy'r peth nesaf. Fe wna i adael y tywelion budr yma dros dro.

(Gollwng Tywel 1 a 2. Y tywelion yn disgyn yn swp i'r llawr. Marian yn gadael. Saib.)

Tywel 1: *(heb symud)* Ydy hi wedi mynd?

Tywel 2: *(yn codi'i ben i edrych)* Ydy. Does neb yma.

(Tywel 1 a 2 yn codi ar eu traed)

Tywel 1: Rydw i'n edrych ymlaen at gael bath heno. Aeth Jonathan allan i chwarae pêl-droed gyda Sam drws nesaf y prynhawn yma, a syrthio i'r mwd. A beth ddefnyddiodd Jonathan i sychu'r mwd oddi ar ei wyneb? Fi! Gobeithio mai Ann sy'n gwneud y golchi heno. Mae Marian yn hoffi pwnio'r baw allan!

(dim ymateb gan Tywel 2)

Be sy? Wyt ti'n rhy wlyb i ateb?

Tywel 2: Nac ydw. Dydw i ddim isio cael fy ngolchi heno.

Tywel 1: Dim isio cael dy olchi? Wel, mae pawb arall yn gobeithio fel arall. Pw! *(dal ei drwyn)* Rwyt ti'n ogla fel *barracks* milwyr Herod. Beth ydy'r marciau budr 'na arnat ti?

Tywel 2: *(yn edrych i lawr ac yn pwyntio at wahanol rannau o'r tywel wrth ddweud enwau'r disgyblion)*
Llwch a chwys traed Pedr, Ioan, Iago, Andreas, Mathew, Bartholomeus, Jwdas, Philip, Thomas, Iago rhif dau, Thadeus a Seimon y Selot.

Tywel 1: Ych a fi! Hefo llwch a chwys traed deuddeg o bobl, byddwn i'n ysu am gael bath.

Tywel 2: *(yn freuddwydiol)* Dydw i ddim isio bath byth eto.

Tywel 1: Pam?

Tywel 2: Achos rydw i wedi cael fy rhwymo am ganol Iesu o Nasareth.

Tywel 1: Beth?

Tywel 2: Mae'n wir. Rydw i wedi bod am ganol Iesu. Rydw i wedi gweld pethau mawr heno. Roedd Marian wedi fy ngadael i fyny'r grisiau wrth ymyl y fowlen ddŵr, yn barod ar gyfer swper Iesu gyda'i ddisgyblion. Cyn dechrau bwyta, dyma Iesu'n tynnu'i fantell allanol, ac yn fy rhwymo i am ei ganol.

Tywel 1: I beth?

Tywel 2: I olchi traed ei ffrindiau.

Tywel 1: Ond ble roedd y gweision? Gwaith gweision ydy golchi traed budr ymwelwyr.

Tywel 2: Roedd Iesu am wneud y gwaith ei hun. Roedd am ddysgu gwers bwysig i'w ffrindiau. Aeth o un i'r llall, yn codi dŵr o'r fowlen a golchi eu traed. A'u sychu – hefo fi!

Tywel 1: Dywedodd rhywun rywbeth?

Tywel 2: Do, Pedr. Doedd o ddim yn hapus o gwbl. Symudodd ei draed nes bod Iesu'n methu mynd atyn nhw. Ond pan ddywedodd Iesu, "Os na cha i dy olchi di, dwyt ti ddim yn perthyn i mi", dyma fo'n dal ei ddwylo allan fel hyn *(estyn ei ddwylo o'i flaen)* ac yn plygu'i ben a dweud, "Os felly, Arglwydd, golch fy nwylo a'm pen hefyd."

Tywel 1: Wnaeth Iesu olchi dwylo Pedr?

Tywel 2: Naddo. Doedd dim angen, medda fo. Dangos esiampl – dyna'r pwynt. Roedd Iesu am eu dysgu nhw i wasanaethu ei gilydd. Does dim byd yn rhy fach nac yn rhy iselradd. Os ydy Iesu'n gallu golchi eu traed nhw, yna maen nhw'n gallu gwasanaethu'i gilydd.

Tywel 1: Beth ddigwyddodd wedyn?

Tywel 2: Wn i ddim. Ar ôl gorffen, gwisgodd Iesu ei fantell a mynd at y bwrdd hefo pawb arall i fwyta. Cefais i fy ngadael ar lawr wrth y drws. Yr unig beth arall ddigwyddodd oedd bod Jwdas wedi gadael yn ystod y swper.

Tywel 1: Sut wyt ti'n gwybod hynny?

Tywel 2: Roedd o ar dipyn o frys, ac fe giciodd fi wrth agor y drws.

Tywel 1: Felly rwyt ti wedi bod am ganol y Meseia.

Tywel 2: Do. Alla i ddim credu'r peth!

Tywel 1: Anhygoel, yn wir. Ond rwyt ti'n dal i ddrewi! Felly ... sh! Rhywun yn dod! O na! Marian sy 'na. Sgwriad go iawn heno!

(Y ddau yn gorwedd ar lawr. Marian yn dod a gafael ynddyn nhw.)

Marian: Pw! Beth yn y byd ddigwyddodd yn yr ystafell i fyny'r grisiau heno? Dydw i ddim wedi gweld tywel mor fudr ers talwm!

(y tri yn gadael y llwyfan)

Gweddnewidiad Iesu

Cefndir Beiblaidd: Mathew 17: 1–8; Marc 9: 2–8; Luc 9: 28–36

Cymeriadau: Llais
Moses
Elias

Offer: Sbectol haul
Bathodyn enw mawr

(Moses ac Elias yn dod ar y llwyfan o ddwy ochr wahanol, gweld ei gilydd, cyfarch ei gilydd.)

Moses: Helô, Elias! Sut wyt ti ers talwm? Wyt ti wedi rhoi proffwydoliaethau da i rywun yn ddiweddar?

Elias: Ha, ha, Moses. Beth amdanat ti? Wyt ti wedi ysgrifennu set arall o reolau? Neu wedi colli rhagor o lechi?

(y ddau'n chwerthin yn iach)

Moses: Wn i ddim amdanat ti, ond rydw i'n mwynhau bywyd. Mae ymddeoliad yn grêt!

Elias: Cytuno'n llwyr. Cael cyfle i fwynhau holl gyfleusterau'r nefoedd – y canu, y pwll...

Moses: *(yn torri ar ei draws)*
Sh! Dim rhannu cyfrinachau, cofia! Mae 'na bobl yn gwrando! *(pwyntio at y gynulleidfa)*

Elias: Wps! Sori!
Wyt ti'n gwybod pam fod Duw wedi'n galw ni allan o ymddeoliad am noson?

Moses: Ydw. Mae'r Arglwydd Iesu yn dod i ben mynydd Horeb heno gyda thri o'r disgyblion. Dydyn nhw ddim wedi deall yn iawn beth mae'r Beibl yn ei ddweud am farwolaeth y Meseia – y busnes dioddef ac yna atgyfodi. Mae Duw am i ni fynd i lawr a siarad hefo Iesu am hyn a gadael iddyn nhw glywed. Wedyn, pan fydd y pethau yma'n digwydd, byddan nhw'n cofio, ac yn sylweddoli bod popeth yn rhan o gynllun Duw.

Elias: Beth? Maen nhw'n mynd i'n gweld ni?

Moses: Dim ond am ychydig. Wyddost ti beth? Rydw i'n teimlo fel 007 wedi cael ei alw'n ôl gan M.

Elias: Pwy?

Moses: Wyddost ti ddim am 007? Dwyt ti ddim yn broffwyd da iawn, felly! *(edrych i lawr oddi ar y llwyfan/o'r pulpud)* Dyma nhw! Druan o Pedr! Mae'n edrych mor flinedig a chwyslyd.

Elias: Rêl pysgotwr! Heb arfer dringo mynyddoedd.

Moses: Mae Ioan yn cwyno hefyd. Ac mae Iago yn goch fel bitrwt! Ond dyna ni, maen nhw wedi cyrraedd y copa. Ac mae Iesu wedi dechrau gweddïo.

Elias: Beth sy'n bod ar Pedr, Iago ac Ioan? Maen nhw'n wyn fel y galchen!

Moses: O! Dyna'r *cue* i ni. Rho dy sbectol haul ymlaen. Mae dillad a wyneb Iesu'n disgleirio gyda gogoniant y nefoedd. Tyrd yn dy flaen! *(gwisgo sbectol haul a gadael y llwyfan)*

Llais: A dyma lais yn dod o'r cwmwl a dweud, "Fy Mab i ydy hwn – yr un dw i wedi'i ddewis. Gwrandewch arno!"

(Moses ac Elias yn dod i'r llwyfan eto)

Moses: Wel, dyna ni. Noson dda o waith.

Elias: Druan o'r tri. Roeddwn i'n meddwl bod Iago yn mynd i lewygu! Wnaethon nhw glywed beth ddywedson ni wrth Iesu?

Moses: O do! Roedd eu clustiau nhw fel dysglau lloeren.

Elias: Beth?

Moses: Meddylia am Pedr yn awgrymu codi pabell i ni. Am syniad! Oedd o'n meddwl ein bod ni'n mynd i aros ar ben y mynydd, fel pobl ifanc Maes B yn yr Eisteddfod?

Elias: Moses, dydw i ddim yn deall hanner beth wyt ti'n ddweud. Wyt ti wedi dechrau drysu?

Moses: Naddo, dim mwy na ti! Gobeithio y byddan nhw'n cofio beth ddywedodd Duw wrthyn nhw pan ddaw hi'n amser i'r Iesu adael y byd.

Elias: Maen nhw'n siŵr o wneud. Wel, amser mynd. Tan y tro nesaf, Elias, hen ffrind.

Moses: Llai o'r "hen" yna. Does neb yn hen yn y nefoedd, cofia. Hwyl!

(y ddau'n gadael)

Haint!

Cefndir Beiblaidd:	Mathew 14: 35–36; Marc 5: 25–34
Cymeriadau:	Miriam (un o ddilynwyr Iesu) Gŵr Miriam Darllenydd
Offer:	Pwced, menig, sebon golchi, disinffectant, hylif cannu, clogyn (hefo taselau os yn bosibl)

(Y wraig ar y llwyfan, menig am ei dwylo, yn rhwbio clogyn. Y gŵr yn dod ati.)

Gŵr: Beth wyt ti'n ei wneud, Miriam?

Miriam: Glanhau clogyn Iesu.

Gŵr: Glanhau clogyn Iesu? Pam?

Miriam: *Germs!*

Gŵr: *Germs? Pa germs?*

Miriam: *Germs* pawb sy'n dod at Iesu i gyffwrdd â'i glogyn.

Gŵr: Am beth wyt ti'n sôn?

Miriam: Rydw i wedi bod yn teithio gyda Iesu ers pythefnos bellach, a beth sy'n digwydd bob dydd? Pobl sâl, pobl hefo'r gwahanglwyf, pobl hefo ffliw, pobl hefo pob math o ddiferlif – pawb yn dod at Iesu i gyffwrdd â'i glogyn achos bod nhw'n meddwl bod hynny'n mynd i'w gwneud nhw'n well.

Gŵr: Ond dydy clogyn ddim yn gallu iacháu. Iesu sy'n iacháu!

Miriam: Rydyn NI'n gwybod hyn, ond dydyn NHW ddim.

Gŵr: *(yn codi potel o ddisinffectant)*
Beth ydy'r holl boteli yma? Paid â dweud dy fod ti'n mynd i ddechrau *spring cleanio* eto.

Miriam: Nac ydw! Rydw i wedi egluro i ti. Mae angen diheintio clogyn Iesu. Meddylia am yr holl *germs* sy wedi mynd ar y clogyn, neu ar y taselau. Mae 'na gymaint o sôn am *MRSI* a *superbugs* y dyddiau yma. Dydw i ddim am weld Iesu yn cael haint!

Gŵr: Fydd o ddim, siŵr iawn. Meddylia am berson yn dod a gofyn "Ble mae Iesu, y Meseia?" ac yn cael yr ateb "Mae'n sâl hefo'r ffliw" neu hefo clwy pennau! Mae'r peth yn hollol wirion!

Cyhoeddiadau'r Gair 2008

Miriam: Dydw i ddim am gymryd y risg. Rydw i wedi golchi'r clogyn unwaith, ac mi rof ddisinffectant cryf ar yr ymylon.
(agor potel o ddisinffectant ac estyn cadach)

Gŵr: *(yn rhoi llaw ar ei drwyn)*
Pw! Bydd dillad Iesu'n drewi cymaint, bydd pobl yn cadw draw!

Miriam: Na, maen nhw'n siŵr o ddod ato. Fe wnaeth un wraig wthio drwy'r dyrfa yng Nghapernaum er mwyn cyffwrdd ei ddillad.

Gŵr: Beth oedd yn bod arni?

Miriam: *(yn sibrwd yn uchel)*
Problemau merched. Roedd hi wedi gobeithio cyffwrdd clogyn Iesu heb i neb sylwi arni hi. *(saib)*

Gŵr: Ond ...?

Miriam: *(yn rhwbio'r clogyn)*
Ond roedd Iesu'n gwybod bod rhywbeth wedi digwydd. Teimlodd nerth yn mynd allan ohono, ac fe gafodd y wraig ei dal. Siaradodd Iesu am ychydig gyda hi.

Gŵr: Wnaeth hi wella?

Miriam: O do! Ond dyna pam rydw i am lanhau'r clogyn yma – rhag ofn ei bod hi wedi gadael *germs* arno.
(dechrau casglu'r poteli a'u rhoi mewn bag)
Dyna ni – mor lân â'r lili. Rydw i am fynd â hwn at Iesu. Wyt ti am ddod?

Gŵr: Mewn munud. Dilyna i yr ogla disinffectant!

(Miriam yn gadael)

Gŵr: *(yn edrych ar ei ddwylo, yna'n siarad gyda'r gynulleidfa)*
Mae'n well i mi fynd at Iesu hefyd. Mae 'na farciau wedi ymddangos ar fy nwylo ers tua wythnos. Wn i ddim be sy'n bod, ond mae gen i ofn y bydda i hefyd yn ychwanegu at y *germs* ar glogyn Iesu cyn hir.

(exit)

Darllenydd: Mathew 14: 35–36

Iacháu wrth y Pwll

Cefndir Beiblaidd:	Ioan 5: 1–15
Cymeriadau:	Eli Ffrind Llefarydd
Offer:	Sach gysgu

(Ffrind i'r llwyfan – yn ymddangos ar frys, sychu'i dalcen fel petai'n chwysu.)

Ffrind: *(yn siarad gyda'r gynulleidfa)*
Esgusodwch fi, ond faint o'r gloch ydy hi?
(disgwyl am ateb o'r gynulleidfa)
O na! Rydw i'n hwyr, yn rhy hwyr mae'n debyg. Mae Eli yn siŵr o fod yn flin – ac yn siomedig. Mae'n disgwyl amdana i ers dros awr.
(ochneidio)
Roedd 'na dagfa draffig camelod a mulod ar y Stryd Fawr, a gorymdaith o offeiriaid yn agos at y Deml. Ar ben hynny, roedd Malachi y Gwerthwr Ffrwythau wedi gollwng llond basged o orennau ar y ffordd. Roedd yn rhaid i mi ei helpu i'w casglu.

Dach chi'n gweld, mae Eli'n anabl ers tri deg wyth o flynyddoedd. Mae gen i biti drosto! Dyna pam mae o'n mynd at Bwll Bethesda bob dydd yn ffyddlon.

Ydych chi'n bobl o Jerwsalem? *(disgwyl am ateb)*
Na?
Dydych chi ddim yn gwybod am Bwll Bethesda, felly.
Mae'r pwll yn reit agos ar y farchnad ddefaid. Mae'n lle reit grand hefo pum porth a tho uwchben, a cholofnau mawr yn eu dal i fyny.
Mae cleifion Jerwsalem yn mynd i Bwll Bethesda, achos weithiau mae'r dŵr yno'n byblo fel *jacuzzi*, ac maen nhw'n dweud bod y person cyntaf sy'n mynd i mewn i'r bybls yn gwella.

Ond mae rhywun arall yn cyrraedd y dŵr cyn Eli bob tro. Roeddwn i wedi dweud y byddwn i'n cymryd diwrnod i ffwrdd heddiw i'w helpu. Ond dyna ni ... rhy hwyr eto!

Mae'n well i mi fynd i ymddiheuro.

(Gadael y llwyfan. Saib fer. Ffrind ac Eli'n dod i'r llwyfan. Eli'n cario sach gysgu.)

Ffrind: Fedra i ddim credu'r peth! Rwyt ti'n gallu cerdded am y tro cynta mewn tri deg wyth o flynyddoedd! Sut? Be ddigwyddodd?

Eli: Rhyw ddyn ddaeth ata i a gofyn "Wyt ti isio gwella?"
Am gwestiwn twp!

Cyhoeddiadau'r Gair 2008

Dechreuais i egluro am y dŵr, a bod gen i neb i'm helpu i gyrraedd mewn pryd. A'r peth nesaf, roedd y dyn yn dweud wrtho i am sefyll i fyny, codi fy matras a cherdded. Wnes i ddim meddwl, dim ond gwneud, a'r funud nesaf roeddwn i'n cerdded o gwmpas y lle.

Ffrind: Mae hyn yn ffantastig! Pwy oedd y dyn?

Eli: Does gen i ddim syniad. Diflannodd i'r dyrfa.

Ffrind: Rydw i mor falch drosot ti.

Eli: Dydy pawb ddim yn teimlo'n falch.

Ffrind: Pam wyt ti'n dweud hynny?

Eli: Daeth rhai o'r arweinwyr ata i a dweud y drefn wrtho i am gario matras ar y Sabath. *(llais awdurdodol a phwysig i ddynwared lleisiau'r arweinwyr crefyddol)* "Rydych chi'n torri'r gyfraith," medden nhw. Doedden nhw ddim yn fy nghredu pan ddywedais i be oedd wedi digwydd.

Ffrind: Wyt ti am gerdded adre?

Eli: Cerdded? Na, dydw i ddim yn mynd i gerdded. Rydw i'n mynd i redeg, a sgipio, a dawnsio bob cam i'r tŷ. Tyrd – ras am y cynta!

(y ddau'n rhedeg oddi ar y llwyfan)

Llefarydd: Yn nes ymlaen, daeth Iesu o hyd i'r dyn yn y deml, a dweud wrtho, "Edrych, rwyt ti'n iach bellach. Stopia bechu neu gallai rywbeth gwaeth ddigwydd i ti."
Aeth y dyn i ffwrdd a dweud wrth yr arweinwyr mai Iesu oedd wedi ei wella.
Ioan 5: 14

Lawr ar lan y môr

Cefndir Beiblaidd: Marc 3: 7

Cymeriadau: Person 1 o Nain
Person 2 o Jerwsalem
Person 3 o Tyrus
Person 4 o Moladah
Person 5 o Hebron
Llefarydd

(Y pum person i ddod i'r llwyfan o wahanol gyfeiriadau ac yn cyfarch ei gilydd gyda "Shalom".)

Person 1:   Mae 'na dipyn o dyrfa yma y prynhawn 'ma.

Person 2:   Oes. Welais i neb o'r blaen yn gallu tynnu tyrfa fawr fel mae Iesu o Nasareth yn ei wneud.

Person 4:   Roedd Ioan Fedyddiwr yn reit boblogaidd, cofia.

Person 5:   Oedd, ond mae Iesu o Nasareth yn fwy arbennig nag Ioan hyd yn oed.

Person 2:   O? Wyt ti wedi clywed y ddau, felly? O ble wyt ti'n dod?

Person 5:   O bentref Nain. Mae'n ddigon agos i fynd i glywed Ioan yn pregethu wrth iddo fedyddio pobl yn ymyl Ainon. Dyna i chi bregethwr! Ond mae rhywbeth ychwanegol gan Iesu.

Person 3:   Yr *X ffactor*?

Person 5:   Ie, efallai. O ble ydych chi'n dod? Dydych chi ddim yn dod o Galilea. Rydw i'n clywed acenion dieithr.

Person 3:   Rydw i'n dod o ddinas Tyrus. Mi glywais fod Iesu o Nasareth yn gallu iacháu pobl. Dyna pam rydw i yma.

Person 4:   Pam? Wyt ti'n sâl?

Person 3:   Ydw.

(Y pedwar arall i gymryd cam i'r ochr er mwyn symud i ffwrdd oddi wrth Person 3. Dylid gwneud hyn yn gwbl amlwg gan symud gyda'i gilydd! Bydd angen ymarfer y coreograffi. Person 3 yn sylwi ac yn chwerthin.)

Na! Does dim angen poeni. Ddaliwch chi ddim byd oddi wrtho i. Ond mae'n broblem annifyr iawn i mi.

(y pedwar yn symud yn ôl)

Glywais i fod Iesu wedi iacháu dyn oedd â llaw ddiffrwyth.

Person 2: Glywais i hynny hefyd. Roedd 'na ryw *ffŷs* mawr achos bod yr iacháu wedi digwydd ar y Saboth.

Person 1: Mae rhai wedi bod yn codi twrw achos y cwmni mae Iesu'n ei gadw. Meddyliwch! Mae'n mynd at bechaduriaid a phyblicanod i gael swper.

Person 2: Ydy. Dyna pam rydw i wedi dod yr holl ffordd yma o Jerwsalem.

Person 1: Pam? Beth ydy dy waith di?

Person 2: (*pen i lawr a mwmian rhywbeth dan ei wynt*)

Person 1: Mae'n ddrwg gen i?

Person 2: (*yn codi'i ben ychydig*) Casglwr Trethi.

(*y pedwar cymeriad arall eto'n cymryd un cam i'r ochr yn hollol amlwg ac yn dangos siom/dicter ar eu hwynebau*)

Ond mae Iesu'n barod i fod yn ffrindiau, ac yn barod i faddau i bobl fel fi sy'n cael eu gwrthod gan bawb arall.

(*y pedwar yn symud yn ôl i'w lle gyda'i gilydd*)

Person 3: Rwyt ti'n iawn. Rydw i'n dod o Moladah, yn Idwmea. Rydw i wedi clywed gan bobl eraill beth mae Iesu yn ei ddweud wrth ddysgu. Rydw i am glywed mwy. (*troi at berson 4*) Beth amdanat ti?

Person 4: Rydw i'n byw yn Hebron. Dydw i ddim yn gwybod pam rydw i yma. Dim am golli cyfle i weld rhywun mae pawb yn siarad amdano, mae'n debyg. Pawb drwy Israel i gyd!

Person 3: Weli di ddim llawer heddiw. Mae cymaint o bobl yma!

Person 1: Rydw i wedi clywed bod Iesu am fynd ar draws y llyn mewn cwch os bydd y dyrfa'n rhy fawr.

Person 2: Ond mae hynny'n annheg!

Person 5: Rydw i'n mynd i chwilio am ffordd arall i fynd at Iesu. Mae'n rhaid bod cleifion yn cael *priority*. Hwyl i chi!
(*gadael*)

Pawb: Hwyl!

Person 3: Mae hyn yn amhosib. Rydw i am ddod yn ôl yma eto fory. Efallai y bydd llai o bobl bryd hynny.

Person 4: Syniad da! Beth am gael tamaid o fwyd gyda'n gilydd? Gawn ni holi beth ydy cynlluniau Iesu dros y dyddiau nesa.

Pawb: *(ar draws ei gilydd)* Ie/syniad da/mae 'na gaffi heb fod ymhell/arhoswch amdana i.

(pawb yn gadael)

Llefarydd: Marc 3: 7–12

Mab y wraig weddw o Nain

Cefndir Beiblaidd: Luc 7: 11–17

Cymeriadau: Eli, ymgymerwr angladdau lleol
Ffrind

Offer: Dylai Eli wisgo dillad sy'n adlewyrchu ei gymeriad fel ymgymerwr angladdau.

(Y ddau gymeriad yn dod i'r llwyfan. Eli'n sychu ei wyneb ac yn gwyntyllu'i hun â hances, fel petai wedi cael sioc fawr. Y ffrind yn dal ei fraich ac yn ei helpu.)

Ffrind: Dewch, Eliseus Jenkins, eisteddwch i lawr am funud. Rydych chi wedi cael sioc.

Eli: Sioc? Sioc?! Rydw i'n methu credu mod i'n dal yn fyw! Rydw i yn y busnes ers pedwar deg o flynyddoedd, a dydw i ddim wedi gweld dim byd tebyg. Naddo, dim mewn pedwar deg o flynyddoedd!

Ffrind: Ydych chi'n hollol siŵr beth ddigwyddodd?

Eli: *(yn siarp)* Wrth gwrs mod i'n siŵr! Wyt ti'n meddwl mod i'n drysu?

Ffrind: Wel ... mae'n well i chi ddweud unwaith eto beth ddigwyddodd, Eliseus Jenkins. O'r dechrau. Efallai fod 'na esboniad syml.

Eli: *(yn tynnu anadl ddofn ac yna'n rhestru nifer o ffeithiau)*
Reit.
Roedd y bachgen wedi bod yn ddifrifol wael am ddyddiau, felly roeddwn i'n disgwyl galwad.
Bu'r bachgen farw am chwech o'r gloch y bore. Does dim tad – mae o wedi marw ers blynyddoedd, felly roedd y fam yn falch o adael i mi drefnu popeth. A dyna wnes i ...
Bwcio cwmni Galarwyr Galilea – nhw ydy'r gorau yn y cylch.
Trefnu i agor bedd yn y fynwent y tu allan i'r dref.
Cytunon ni ar amser cychwyn o'r tŷ – pump o'r gloch. Roedd popeth yn iawn – ffrindiau'r teulu yn mynd i gario'r elor, a'r perthnasau'n helpu'r fam druan. Dim ond yr un mab oedd ganddi.
Dyma ni'n cychwyn o'r tŷ ...

Ffrind: *(yn torri ar draws)*
Ydych chi'n hollol siŵr fod y bachgen wedi marw?

Eli: Wrth gwrs! Rydw i wedi gweld cannoedd o gyrff marw dros y blynyddoedd. Roedd y teulu, yn enwedig y fam druan, yn torri'i chalon. Does neb yn jocian am farwolaeth ac angladd!

Cyhoeddiadau'r Gair 2008

Ffrind: Iawn! Ewch ymlaen.

Eli: Wel, roedd sŵn ffliwtiau a symbalau a gweiddi mawr. Pawb yn wylo a nadu. Ond pan ddaethon ni at borth y dref, roedd criw o bobl yn dod tuag aton ni – Iesu o Nasareth a'i ffrindiau.
(saib fel petai'n ceisio cofio popeth)
Daeth Iesu at y fam, a dweud wrthi am beidio ag wylo mwy. Aeth at yr elor a'i chyffwrdd. Roedd pawb wedi mynd yn dawel fel y bedd erbyn hyn, yn methu deall beth oedd yn digwydd.
(saib)

Ffrind: Ewch ymlaen.

Eli: Dyma Iesu'n siarad gyda'r corff a dweud, "Ddyn ifanc, rwy'n dweud wrthyt, cod!"
Roeddwn i ar fin gafael yn Iesu. Roeddwn i am ei dagu am fod mor greulon wrth y fam. Ond ... a wna i byth anghofio beth ddigwyddodd nesaf ...

Ffrind: Beth?

Eli: Cododd y bachgen ar ei eistedd a dechrau siarad. Dechreuodd rhai o'r merched sgrechian, a gollyngodd y dynion yr elor yn sydyn, nes bod y bachgen yn syrthio ar lawr. Bron i'm calon i stopio. Ond fe welais i'r bachgen yna yn codi o farw'n fyw, do wir!

Ffrind: Beth wedyn?

Eli: Wedyn, dyma Iesu yn gafael yn llaw'r bachgen ac yn ei rhoi yn llaw'r fam. Sôn am ddagrau o lawenydd! Roedd pawb yn siarad ar draws ei gilydd – rhai yn moli Duw, a rhai yn galw Iesu yn broffwyd mawr.

Ffrind: Ffantastig!

Eli: Ffantastig? Beth wyt ti'n feddwl, ffantastig?

Ffrind: Bod Iesu wedi dod â'r bachgen yn fyw, wrth gwrs.

Eli: *Disaster* ddylet ti ddweud, nid ffantastig!

Ffrind: Pam?

Eli: Achos fy ngwaith i ydy claddu pobl! Mi aiff y busnes i'r wal os bydd Iesu'n cario mlaen fel hyn. Fydd neb yn aros wedi marw'n ddigon hir i mi gael eu claddu. Bydd pawb yn dod yn ôl yn fyw! *Bankrupt!* Dyna fydda i – *bankrupt!*

(y ddau gymeriad yn gadael y llwyfan)

Cyhoeddiadau'r Gair 2008

Mair a Martha

Cefndir Beiblaidd: Luc 10: 38–42

Cymeriadau: Lefi, perchennog siop groser ym Methania
Rebecca, cwsmer

Offer: Arwydd mawr – Siop Lefi
Bwrdd gyda nwyddau groser arno
Bag siopa i Rebecca

(Lefi'n dod i'r llwyfan ac yn dechrau tacluso'r nwyddau etc. Rebecca'n dod i'r llwyfan.)

Lefi: Shalom, Rebecca.

Rebecca: Shalom, Lefi. Diwrnod braf.

Lefi: Diwrnod ardderchog. Da yw ein Duw ni.

Rebecca: Amen. Unrhyw newyddion heddiw, Lefi?

Lefi: Newyddion? Na, dydw i ddim yn meddwl. Mae'n dawel iawn ... ar wahân i'r helynt yn nhŷ Lasarus neithiwr.

Rebecca: Helynt yn nhŷ Lasarus? Be ddigwyddodd, Lefi?

Lefi: Wel ...

Rebecca: Aros i mi gael eistedd i glywed yr hanes!
(eistedd i lawr)

Lefi: Roeddwn i'n gwybod bod rhywun yn dod i swper neithiwr, achos daeth Martha yma ddoe yn ffŷs i gyd, eisio hyn a'r llall ac arall.

Rebecca: Fel beth, Lefi?

Lefi: O! Polish arogl lemwn, a *serviettes* i fatsio'r canhwyllau newydd rydw i'n eu gwerthu. Maen nhw'n ardderchog, Rebecca, a dim ond yn costio ...

Rebecca: Mae gen i ddigon o ganhwyllau, diolch. Dos ymlaen gyda'r stori!

Lefi: *(yn edrych yn siomedig)*
Roedd Martha'n fwy ffysi nag erioed yn dewis llysiau a ffrwythau, felly dyma fi'n gofyn tybed a oedd Lasarus wedi dod o hyd i gariad, ac yn dod â hi i'r tŷ i gael *inspection*!
Atebodd hi'n biwis fod Iesu o Nasareth yn dod i swper, a'i bod hi am gael popeth yn berffaith.

Rebecca: Iesu o Nasareth?!

Lefi: Ie. Dywedodd Martha beth oedd ar fwydlen y swper. Oriau o waith coginio!

Rebecca: Ond dyn cyffredin ydy Iesu – wel, hynny ydy, dydy o ddim yn gyffredin, mae o'n bell o fod yn gyffredin, ond mae o *yn* gyffredin hefyd. Wyt ti'n cytuno?

Lefi: *(yn edrych braidd yn ddryslyd)*
Ydy. Nac ydw. Dydw i ddim yn siŵr! Ond roedd Martha'n benderfynol o wneud sbloets fawr. A fi oedd yn iawn yn y diwedd.

Rebecca: Pam wyt ti'n dweud hynny?

Lefi: Daeth Mair yma y bore 'ma a dweud beth ddigwyddodd. Cyrhaeddodd Iesu, ac ar ôl ymolchi, dyma Martha'n ei wahodd i eistedd a mynd i roi *finishing touches* i'r bwyd. Eisteddodd Mair i lawr i wrando ar Iesu'n siarad.

Rebecca: Am beth roedd o'n siarad?

Lefi: Wn i ddim. Ond dywedodd Mair ei fod o'n ffantastig, a'i bod hi wrth ei bodd fod Iesu wedi gadael iddi hi, a hithau'n ferch *(tôn ddirmygus wrth ddweud y gair merch),* wrando arno'n dysgu. Ond wedyn daeth Martha i'r ystafell mewn hwyliau drwg.

Rebecca: Pam?

Lefi: Roedd hi wedi gofyn i Mair ddod i'w helpu yn y gegin. Chymerodd Mair ddim sylw, ac yn y diwedd daeth Martha at Iesu a gofyn iddo ddweud wrth Mair am helpu. Doedd hi ddim yn deg ei bod hi, Martha, yn gorfod gwneud y gwaith i gyd.

Rebecca: Www! Mae gan Martha dymer go danllyd. Beth wnaeth Iesu?

Lefi: Gwenu.

Rebecca: Gwenu?

Lefi: Ie. Dyna ddywedodd Mair. Gwenu a dweud wrth Martha am eistedd.
"Does dim angen i ti wneud pryd mawr, Martha. Bydd un cwrs yn ddigon. Dyna rydyn ni'n ei gael fel arfer. Mae'n well i ti wrando arna i. Fyddi di ddim yn difaru dy fod wedi gadael y gwaith a gwrando arna i."

Rebecca: Mae'n siŵr fod hynny wedi gwylltio Martha'n fwy fyth.

Lefi: Naddo, yn rhyfedd iawn. Dywedodd Mair fod Martha wedi eistedd ac wedi gadael llonydd i'r bwyd. Yna cawson nhw swper syml gyda'i gilydd – Iesu, Mair a Martha. Mae'n rhaid bod Lasarus yn methu bod yno. Ac ar ôl swper, helpodd pawb gyda'r golchi llestri.

Rebecca: Beth? Iesu hefyd?

Lefi: Ie. Mae Iesu yn un o'r *new men* yma, mae'n rhaid!

Rebecca: *(yn codi)*
Rydw i am fynd i weld Mair a Martha i glywed beth ddywedodd Iesu wrthyn nhw. Mae'n un da am ddweud stori, a dysgu am Dduw.
(dechrau symud oddi ar y llwyfan)

Lefi: Ond beth am y siopa?

Rebecca: Twt! Mi wnaiff hwnnw y tro yfory! Mae gen i ddigon yn y tŷ i wneud un cwrs – ac mae hynny'n ddigon, meddai Iesu. Shalom!

Lefi: Shalom! *(Yna, yn dawel wrtho'i hun)* a diolch am dy fusnes!

Cyhoeddiadau'r Gair 2008

Iacháu Mam-yng-nghyfraith Pedr

Cefndir Beiblaidd: Marc 1: 29–34

Cymeriadau: Simon Pedr
                    Cyfaill

Offer: Gwlân cotwm

(Simon Pedr yn eistedd yn y sêt fawr, neu ar y llwyfan, gyda gwlân cotwm yn ei glustiau. Cyfaill yn dod i mewn ac yn dweud Helô. Simon Pedr yn cymryd dim sylw. Cyfaill yn mynd ato ac yn ei gyffwrdd. Simon Pedr yn neidio.)

SP: O! Helô! Sori am hynna!

Cyfaill: Beth wyt ti'n ei wneud yma? Mae'n hwyr i ti fod yn eistedd ar lan y llyn.

SP: Beth?

Cyfaill: *(yn codi'i lais)* Beth sy'n bod arnat ti? Wyt ti wedi colli dy glyw neu rywbeth?

SP: O! Sori! *(tynnu'r gwlân cotwm o'i glustiau)* Roeddwn i wedi anghofio am hwn!

Cyfaill: Beth sy? Pigyn clust?

SP: Na. Ond efallai y *bydd* gen i bigyn clust erbyn nos yfory!

Cyfaill: Beth wyt ti'n ei feddwl?

SP: Mae'r "yng-nghyfraith" acw! Mam y wraig. Mae hi'n siarad fel melin bupur ac yn rhoi *ordors* i mi. *(Llais uchel)* "Simon, gwna hyn. Simon, gwna'r llall. Simon, mae angen coed i'r tân. Simon, pryd wyt ti'n mynd i drwsio'r gadair yna? Simon, wnest ti ddim dal llawer o bysgod heddiw." Hy!

Cyfaill: Roeddwn i'n meddwl bod y *bòs* yn wael.

SP: *Roedd* hi'n wael. Yn wael iawn, a dweud y gwir. Roedd gen i biti drosti. Roedd ganddi wres uchel iawn, a'r cyfan roedd hi'n gallu ei wneud oedd gorwedd yn llipa yn y gwely. Ond O! Roedd hi'n dawel ac roeddwn i'n cael llonydd!

Cyfaill: Beth oedd wedi achosi'r dwymyn?

SP: Wn i ddim. Wedi llyncu pry efallai, oherwydd bod ei cheg hi'n agored o hyd, a hwnnw wedi rhoi *germs* iddi! Ta waeth, roedd hi'n wael iawn.

Cyfaill: Y meddyg roddodd ffisig iddi?

SP: Na. Ddaeth yr un meddyg yn agos. Iesu, ti'n gwybod – fy ffrind i o Nasareth. Daeth Iesu i'r tŷ ar ôl clywed am ei salwch, gafael yn ei llaw a – wn i ddim beth – gweddïo?

Siarad? Ond un funud roedd hi'n gorwedd dan dwymyn, a'r funud nesa roedd hi wedi codi o'r gwely'n berffaith iach!

Cyfaill: Ydy'r Iesu yma'n feddyg?

SP: Dydw i ddim yn siŵr beth ydy o. Fo ydy'r dyn mwyaf ffantastig welais i erioed. Mae o'n gallu siarad am Dduw fel petai o'n ei adnabod. Mae'n garedig wrth bawb. Rydw i'n teimlo fel dyn gwahanol ar ôl ei gyfarfod. Ac mae'n gallu iacháu pobl. Cyn i Iesu ddod i'n tŷ ni, gwelais i ddyn oedd yn cael ei boeni gan ysbryd drwg yn cael ei iacháu ganddo yn y synagog.

Cyfaill: Mae pawb uwch ben eu digon yn eich tŷ chi, felly.

SP: Ydyn – pawb ond fi! Rydw i'n falch fod yr hen wraig yn well, ond cha i ddim llonydd o hyn ymlaen. Roeddwn i wedi taflu'r capiau clust yma i ffwrdd *(dangos y gwlân cotwm)*, ond os ydw i'n mynd i aros yn gall, bydd yn rhaid i mi eu defnyddio o hyn ymlaen!

Cyfaill: Druan ohonot ti! *(edrych y tu ôl iddo)* Pwy ydy hwn sy'n dod o dy dŷ di? Dyn dieithr?

SP: Na. Iesu. Mae'n siŵr ei fod yntau hefyd wedi cael digon o'r siarad di-stop! Well i mi gynnig ychydig o wlân cotwm iddo fo hefyd!

(y ddau yn gadael)

Llais: Marc 1: 29–34

Marwolaeth Ioan Fedyddiwr

Cefndir Beiblaidd: Mathew 14: 1–12; Marc 6: 4–30

Cymeriadau: Milwr 1
Milwr 2

Offer: Hambwrdd. Mygiau o de. Bisgedi Nice.

(Mae'n amser paned yn llys Herod. Milwr 1 ar y llwyfan. Milwr 2 yn dod ato yn cario hambwrdd a mygiau etc.)

Milwr 1: Kit-Kat?

Milwr 2: Diolch. *(Cymryd paned a bisged ac eistedd â'i draed i fyny)* Dyna welliant! Rydw i'n hen barod am y pum munud yma. Mae Herod *off* ei ben eto heddiw.

Milwr 1: Beth wyt ti'n ei feddwl?

Milwr 2: Mae'n rwdlan am y dyn Iesu o Nasareth yna. Wyt ti wedi clywed amdano? Mae pobl yn dweud ei fod o'n gwneud gwyrthiau.

Milwr 1: Pam fod Herod yn poeni am hwnnw?

Milwr 2: Mae'n meddwl – wnei di ddim credu hyn – ond mae'n meddwl mai Ioan Fedyddiwr wedi atgyfodi o'r bedd ydy Iesu.

Milwr 1: Ioan pwy?

Milwr 2: Wrth gwrs! Roeddwn i wedi anghofio dy fod ti'n newydd yma. Gollaist ti'r *excitement* i gyd.

Milwr 1: Pa *excitement*?

Milwr 2: Pasia Kit-Kat arall i mi. Na! Gymera i fisged Nice y tro yma. Mae bisgedi Nice yn gwneud i mi feddwl am yr amser dreuliais i yn Ne Gâl *(cau ei lygaid a gwenu)* – haul, gwin a merched!

Milwr 1: *(yn pasio'r bisgedi'n ddiamynedd)* Pa *excitement*?

Milwr 2: *(yn agor ei lygaid)* O ie!
Mae'n stori gymhleth, ond dyma'r ffeithiau'n syml i ti.
(yn defnyddio'i fysedd i rifo'r ffeithiau)

Un. Gwraig gyntaf Herod oedd merch Areta, brenin y Nabateaid.

Milwr 1: Pwy?

Milwr 2: Y Nabateiad – llwyth pwysig o Arabiaid.

Dau. Aeth Herod a'i wraig i Rufain i weld ei hanner brawd Philip a'i chwaer-yng-nghyfraith Herodias. *Big love affair*, a'r peth nesaf mae Herod wedi ysgaru'r dywysoges ac yn priodi Herodias.

Milwr 1: Ei chwaer-yng-nghyfraith?

Milwr 2: Chwaer-yng-nghyfraith, a rhyw fath o nith. Paid â gofyn i mi sut. Dydw i ddim yn deall *ins and out*s teulu Herod. Beth bynnag ...

Tri. *Enter* Ioan Fedyddiwr. Rhyw ddyn gwyllt yn byw yn yr anialwch, yn gwisgo'n flêr mewn croen camel ac yn bwyta ... wel ... mêl gwyllt a locustiaid, yn ôl y stori. Hefyd, ffaith bwysig – dyn duwiol iawn. Proffwyd, yn ôl rhai, yn denu cannoedd i lan yr afon Iorddonen. Mae'n dweud y drefn wrthyn nhw ac wedyn yn eu bedyddio nhw – dyna pam mae'n cael ei alw'n Ioan Fedyddiwr.

Milwr 1: Dweud y drefn?

Milwr 2: Ie. Dweud bod yn rhaid iddyn nhw stopio gwneud pethau drwg, etc. etc. etc. Ond ymlaen â'r stori.

Pedwar. Ioan Fedyddiwr yn dweud wrth Herod ei fod yn *wrong* i briodi Herodias. Roedd Herod am ei waed am feiddio â dweud y fath beth, ond wnaeth o ddim byd. Gormod o ofn, rydw i'n meddwl.

Milwr 1: Felly, beth ddigwyddodd?

Milwr 2: Mi gafodd Herod barti mawr ar ei ben-blwydd, a dyma ferch Herodias yn dawnsio o'i flaen. Sôn am ddawns!
(codi ar ei draed a dechrau dawnsio)
Roedd Herod mor falch, dyma fo'n addo unrhyw beth yn y byd iddi fel anrheg. A beth wnaeth yr hen gnawes Herodias, er mwyn dial ar Ioan Fedyddiwr, ond dweud wrth ei ferch Salome am ofyn am ben Ioan ar blât!

Milwr 1: Beth? Ych a fi!!

Milwr 2: Yn hollol. Ac i dorri saga hir yn fyr, dyna ddigwyddodd. Dyma Herod yn rhoi'r gorchymyn, ac o fewn hanner awr roedd pen Ioan ar y bwrdd o flaen Salome.
(saib)
Trueni. Roedd Ioan braidd yn od, ond roedd o'n hen foi iawn yn y bôn.

Milwr 1: Sut wyt ti'n gwybod?

Milwr 2: Roedd Herod wedi ei daflu i'r carchar cyn hynny, ac roeddwn i'n gweithio ar ei *wing*.

Milwr 1: Ei ben ar blât! Dydw i ddim yn meddwl mod i isio mwy o Kit-Kats.

Milwr 2: Ond rŵan, mae Herod yn methu cysgu achos bod yr Iesu yna o Nasareth yn siarad yn debyg iawn i Ioan, ac maen nhw'n edrych yn debyg i'w gilydd hefyd. Rydw i'n meddwl bod yna gysylltiad teuluol rhwng y ddwy fam.

Milwr 1:   Cydwybod euog?

Milwr 2:   O ie! Cydwybod euog iawn. Rydw i'n dal i weld y pen yna'n cael ei gario ar
blât i mewn i'r brif neuadd. Galla i ddychmygu sut mae Herod yn teimlo!

Milwr 1:   *(yn edrych ar ei wats)*
Wel, amser paned drosodd.

Milwr 2:   Ydy. Tair awr o shifft ar ôl, ac yna penwythnos rhydd!

Milwr 1:   *Cushy!* Rydw i'n gweithio dros y Sul!

(exit y ddau filwr)

Mmm! Ogla da!

Cefndir Beiblaidd: Mathew 26: 6–13

Cymeriadau: Person 1
                      Person 2
                      Person 3
                      Darllenydd

Offer: Platiau, ffyrc, cwpanau.
Gellir chwistrellu ogla da neu losgi olew ogla da cyn dechrau'r sgets.

(Dylai'r tri ddod i'r llwyfan yn cario plât, cwpan a fforc bob un. Dylid gosod bwrdd o flaen y sêt fawr, neu ar flaen y llwyfan. Dylai'r darllenydd eistedd yn y pulpud/tu ôl i'r actorion gan mai ef sy'n darllen geiriau Iesu. Y tri'n eistedd ac yn esgus bwyta.)

Person 1:   Pw! Beth ydy'r ogla yna?

Person 3:   *Chanel No 5* neu *Poison*, rydw i'n meddwl.

Person 1:   Shadrach? Wyt ti wedi dechrau benthyg persawr Rebecca?

Person 2:   Nac ydw, siŵr iawn. Nid fi sy'n ogla!

Person 1:   Mater o farn. Pw! Mae'r ogla mor gryf, alla i ddim bwyta. Ydy Seimon y gwahanglwyf – sydd ddim yn wahanglwyf erbyn hyn – wedi prynu cant o *Plug-in Air Freshners* neu rywbeth?

Person 3:   *(yn edrych dros ei ysgwydd i gyfeiriad y pulpud/cefn y llwyfan)*
Na. Rhyw ddynes sy newydd dorri potel o ennaint dros draed Iesu.

**Person 1
a 2:**   Y! *(y ddau'n codi i edrych i'r un cyfeiriad)*

Person 2:   Ti'n iawn. Ac edrychwch pwy ydy hi! *(yn eistedd)*
Wel, wel. Pwy ofynnodd iddi HI ddod yma?!

Person 3:   Pam? Pwy ydy hi?

Person 2:   Rwyt ti'n rhy ifanc i wybod.
(rhoi bys ar ei geg)
Taw piau hi!
Ych a fi! Mae'r drewdod yma'n troi fy stumog.

Person 3:   *(yn codi i edrych eto)*
Mae 'na drafod mawr wrth fwrdd Iesu. Mae rhai o ffrindiau Iesu'n edrych yn flin.

                      Cyhoeddiadau'r Gair 2008

Person 1: Dydw i'n synnu dim! Meddyliwch am gost yr ennaint. Petai'r ddynes wedi gwerthu'r stwff, byddai digon o arian i fwydo holl dlodion Bethania, Bethffage a Bethlehem!

Darllenydd: Mathew 26: 10–13

Person 3: Glywsoch chi hynna? Pam fod Iesu'n siarad am gael ei gladdu? Ydy o'n sâl?

Person 2: Nac ydy. Mae'n iach fel cneuen.

Person 1: Ond rydw i wedi clywed sôn ei fod am fynd i Jerwsalem, a bod yr awdurdodau yno am ei waed.

Person 2: Fydd neb yn meiddio cyffwrdd Iesu. Mae o mor boblogaidd.

Person 1: Wn i ddim. Pw! Rhaid i mi fynd allan i gael awyr iach. Mae'n siŵr fod pobl Jerwsalem, hyd yn oed, yn gallu ogleuo'r ennaint yna. Dewch, cyn i mi gael pwl o asthma, a mygu i farwolaeth. Pw!

(y tri'n gadael)

Cyhoeddiadau'r Gair 2008

Moch Gerasa

Cefndir Beiblaidd:	Luc 8: 26–40
Cymeriadau:	Nain/Mam-gu neu Taid/Tad-cu Mochyn
	(yn dibynnu ar yr actorion sydd ar gael!)
	Ŵyr Mochyn
	Wyres Mochyn
	(bydd angen i'r cymeriadau wisgo penwisg/masg i gyfleu'r syniad o fochyn)
Offer:	Albwm lluniau

(Nain ar y llwyfan yn edrych trwy'r Albwm – y ddau fochyn ifanc yn dod ati.)

Mochyn ifanc 1: Beth wyt ti'n ei wneud, Nain?

Nain: Edrych ar hen luniau, cariad.

Mochyn ifanc 2: Lluniau beth, Nain?

Nain: Teulu a hen ffrindiau.

Mochyn ifanc 1: Ydyn ni'n ei hadnabod nhw, Nain?

Nain: Na. Maen nhw wedi marw ers talwm, ymhell cyn eich geni chi.

Mochyn ifanc 2: Fuon nhw farw yn nhrychineb Gerasa, Nain?

Nain: Do, cariad. Fe wnaeth llawer o'm ffrindiau i farw'r diwrnod hwnnw.

Mochyn ifanc 1: Wnewch chi ddweud y stori wrthon ni eto, Nain?

Nain: Twt. Rydych chi wedi clywed y stori ganwaith o'r blaen.

Mochyn ifanc 1: Ond rydyn ni'n hoffi clywed sut wnaethoch chi gael eich achub, Nain.

Mochyn ifanc 2: Plîs, Nain. Plîs, plîs, plîs.

Nain: Iawn. Unrhyw beth i gael tipyn o lonydd! Eisteddwch i lawr yn dawel.
(y ddau'n eistedd wrth ei thraed)
Roedd hi'n ddiwrnod braf, y diwrnod hwnnw, a dywedodd y bugeiliaid ...

Mochyn ifanc 2: Bugeiliaid? *(chwerthin)* Edrych ar ôl defaid gwirion mae bugeiliaid, Nain.

Nain: Mae bugeiliaid yn gofalu am foch hefyd! Wyt ti am glywed y stori yma neu beidio!

Mochyn ifanc 2: Sori!

Cyhoeddiadau'r Gair 2008

Nain: Dywedodd y bugeiliaid *(pwysleisio'r gair)* ein bod ni am fynd i bori ar y llethrau uwchben llyn Galilea, i ardal Gerasa. Roedd pawb yn hapus achos mae'n lle braf a digon o wair melys yn tyfu yno.

Roedd pawb yn disgwyl y bugeiliaid wrth y giât pan benderfynodd Mari, fy chwaer, ei bod yn sychedig. Arhosais i amdani, ac erbyn iddi orffen ei phaned wrth y cafn dŵr, roedd pawb arall wedi mynd.

Roedd hi'n ddiwrnod braf, felly wnaethon ni ddim brysio. Ond cyn hir dyma ni'n clywed sŵn gweiddi ofnadwy.

Mochyn ifanc 1: Pwy oedd yn gweiddi, Nain?

Nain: Y bugeiliaid! Roedden nhw'n chwifio'u breichiau ac yn pwyntio i gyfeiriad y llyn. Aethon ni at ochr y dibyn, a dyma ni'n rhewi yn y fan a'r lle.

Mochyn ifanc 2: Pam, Nain? Beth welsoch chi?

Nain: Y teulu, a'n ffrindiau yn y dŵr – eich hen-daid a nain, Yncl Jac, Anti Marian, Wil, Jemima, Sochsoch ... pawb yn y dŵr ac yn boddi. Doedd neb yn gallu nofio. *(saib, a Nain yn sychu'i llygaid)*

Mochyn ifanc 1: Beth oedd wedi digwydd, Nain?

Nain: Dim ond ar ôl i ni fynd yn ôl i'r fferm y cawson ni'r hanes.

Rhyw broffwyd o Nasareth, Iesu ... wel erbyn hyn rydyn ni'n gwybod mai fo ydy'r Meseia ... roedd Iesu wedi iacháu Lleng, ac wedi gwneud i broblem Lleng fynd allan ohono fo i mewn i'r moch.

Mochyn ifanc 2: Pwy oedd Lleng, Nain?

Nain: Dyn lloerig oedd yn codi ofn ar bawb ac yn byw yn y fynwent. Roedd yn cerdded o gwmpas yn noeth hanner yr amser ... *(Mochyn ifanc 1 a 2 yn dechrau pwffian chwerthin)*

Peidiwch â bod yn wirion. Does dim isio chwerthin am ben pobl sâl. Roedd y dyn yn siŵr bod cythreuliaid yn ei wneud yn sâl.

Mochyn ifanc 1: Beth wnaeth Iesu?

Nain: Erbyn hyn roedd ein cenfaint ni wedi cyrraedd, a dyma Iesu'n gadael i'r "broblem" symud o'r dyn ac i mewn i'r moch. Aethon nhw'n wallgo wedyn, gan redeg dros ochr y dibyn i mewn i'r llyn a boddi. *(tawelwch)*

Mochyn ifanc 2: Ond roeddech chi'n ddiogel, Nain.

Nain: Oeddwn. Fi a Mari. Ac rydw i'n diolch hyd heddiw fod Mari wedi teimlo syched y diwrnod hwnnw.

Mochyn ifanc 1: Beth ddigwyddodd i'r dyn yn y fynwent, Nain?

Nain: Aeth yn bregethwr. Y peth diwethaf glywais i, roedd yn teithio o dref i dref yn dweud wrth bawb beth wnaeth Iesu i newid ei fywyd.

Mochyn ifanc 2: A beth ddigwyddodd i chi, Nain?

Nain: Roedd Mari a fi'n enwog am tua wythnos. Daeth y papurau newydd yma i dynnu lluniau, ac roedden ni ar dudalen flaen rhai o'r papurau. *"God saves our bacon!"* oedd y pennawd yn y *Sun*. Ond wedyn anghofiodd pawb amdanon ni.

Mochyn ifanc 1: Beth? Mae'ch llun chi wedi bod ar dudalen flaen y *Sun*?

Nain: Do – ond dyna ddigon o hel atgofion am heddiw. Wyt ti wedi clirio dy ystafell?

Mochyn ifanc 1: Naddo, Nain.

Nain: Wel, dos. Tithau hefyd.

Mochyn ifanc 2: Wedyn, Nain, wedyn.

Nain: Y funud yma. Dydw i ddim am i neb ddweud ein bod ni'n byw mewn twlc!

(exit y tri)

Cyhoeddiadau'r Gair 2008

Problemau Staff!

Cefndir Beiblaidd:	Mathew 9: 9–14; Marc 2: 13–17; Luc 5: 27–32; Luc 19: 1–10
Cymeriadau:	Dau Swyddog Rhufeinig: Cyfrifus (gweinyddwr yn y Swyddfa Drethi) Bossimus (uwch-swyddog yn y Swyddfa Drethi)
Offer:	Abacus. Ffeiliau. Desg. Pen a phapur.

(Mae Cyfrifus yn gweithio wrth ddesg yn y sêt fawr, neu ar y llwyfan, yn ysgrifennu a gwneud symiau – gan ddefnyddio'i fysedd, a'r abacus! Daw Bossimus ato. Mae'r ddau'n saliwtio ac yn cyfarch ei gilydd.)

Cyfrifus: Ave, Bossimus. *(saliwtio)*

Bossimus: Ave, Cyfrifus. *(saliwtio).* Eistedda. Does dim angen bod yn ffurfiol.

Cyfrifus: Iawn, Syr. *(saliwtio)*

Bossimus: Paid â saliwtio o hyd, neu bydd dy fraich yn disgyn i ffwrdd!

Cyfrifus: Iawn, Syr. *(dechrau codi'i fraich i saliwtio, ond yn sylweddoli beth mae'n ei wneud, a gostwng ei fraich)*

Bossimus: Wedi dod i gael gair bach answyddogol ydw i, ynghylch dy waith fel Rheolwr Staff yr Adran Drethi. Rwyt ti wedi bod yn y gwaith ers chwe mis bellach. Wyt ti'n mwynhau?

Cyfrifus: Ydw, Syr.

Bossimus: Unrhyw broblemau?

Cyfrifus: Dim, Syr. Popeth yn iawn, Syr.

Bossimus: Siŵr?

Cyfrifus: Ydw, Syr. *(edrych yn bryderus)* Pam, Syr? Oes rhywbeth o'i le?

Bossimus: Wel, oes ... mae *HQ* wedi sylwi bod ychydig bach o *blip* wedi bod yn yr ystadegau dros y chwe mis diwethaf.

Cyfrifus: O?!

Bossimus: Ie. Wedi sylwi bod rhai o'r staff wedi gadael, a bod perfformiad rhai o'r gweithwyr wedi ... wel ... wedi colli ychydig bach o fomentwm.

Cyfrifus: *(yn edrych yn anghyfforddus)* O!

Cyhoeddiadau'r Gair 2008

Bossimus: Ie. Er enghraifft, rydw i'n sylwi bod asiant Capernaum, dyn o'r enw Mathew, wedi gadael ei dollfa'n sydyn, a heb weithio ers hynny.

Cyfrifus: Nac ydy, syr.

Bossimus: Enghraifft arall ydy asiant Jericho. Sacheus? Mae casgliadau Sacheus wedi mynd i lawr yn ddiweddar. Rydyn ni hefyd wedi derbyn adroddiadau fod yr asiant yn dod yn fwy a mwy poblogaidd gyda'r bobl leol. Y rheswm am hynny, medden nhw, ydy ei fod o'n rhannu arian â nhw. Wel, wel, Cyfrifus. Thâl hyn ddim, wir! Pwy fyddai'n dychmygu'r fath beth – dyn treth yn rhannu arian, a'r bobl leol yn ei hoffi! *Not very good for our image,* Cyfrifus. *P.R.* gwael iawn!

Cyfrifus: *(yn edrych ar ei draed)* Ie, Syr.

Bossimus: Ac mae'n ymddangos bod yna batrwm o bobl yn gadael eu gwaith, neu'n casglu llai o drethi, yn y rhan yma o'r byd. Sut wyt ti'n esbonio hynny, Cyfrifus? Unrhyw syniadau?

Cyfrifus: Oes, Syr. Dim ond un rheswm sydd. Iesu o Nasareth.

Bossimus: Iesu o Nasareth? Pwy ydy hwnnw?

Cyfrifus: Athro sy'n teithio o gwmpas yn dysgu pobl am Dduw ac am ffordd newydd o fyw.

Bossimus: Beth? *New lifestyle* eto? Ffordd newydd o golli pwysau? *What Not to Wear? Makeover* i'r dyn mewnol?

Cyfrifus: Na, Syr. Mae hwn yn cael effaith fawr ar fywydau pobl. Mathew, er enghraifft, asiant Capernaum. Un funud roedd o wrth ei waith yn y dollfa, a'r funud nesaf, am fod Iesu'n dweud "Tyrd ar fy ôl i", mae o wedi gadael.

Bossimus: Beth? Dim llythyr ymddiswyddiad? Dim cyfnod o rybudd?

Cyfrifus: Dim byd, Syr. A Sacheus? Un o'r asiantau gorau drwy'r holl wlad. Cyrraedd ei darged misol bob tro! Mynnu cael yr arian dyladwy. Dim ots am unrhyw *sob story*. Ond dyma fo'n gwneud ffŵl go iawn ohono'i hun ryw ddiwrnod a dringo i ben coeden er mwyn gweld yr Iesu yna.

Bossimus: Pam fod angen dringo coeden?

Cyfrifus: Am fod yna lot o bobl yn Jericho y diwrnod hwnnw, ac mae Sacheus yn ... wel ... yn *vertically challenged*!

Bossimus: Byr, ti'n feddwl.

Cyfrifus: Ie. Gwelodd Iesu Sacheus yn y goeden a siaradodd hefo fo. Wedyn, gawson nhw *working supper* yn nhŷ Sacheus, ac ers hynny, wel, mae Sacheus wedi newid. Mae'r hen Sacheus wedi diflannu. Mae o wedi colli'i *killer instinct*.

Bossimus: Felly mae'r Rabi newydd yma'n dwyn ein staff ni! Ydy o'n gweithio i ryw gwmni arall?

Cyfrifus: Na – dim ond dros ei dad, medda fo.

Bossimus: Pwy ydy ei dad?

Cyfrifus: Saer coed o Nasareth.

Bossimus: Hm. *(meddwl am ychydig)*
Wel, rhaid i ti wneud rhywbeth am hyn neu bydda i mewn helynt yn y Brif Swyddfa. Gwell i ti anfon memo allan yn rhoi rhybudd y bydd yna *spot checks* yn ystod y ddau fis nesaf. Unrhyw un sydd ddim yn ei dollfa, neu sy'n casglu llai o drethi nag arfer – diswyddo'n syth. Iawn?
(Cyfrifus yn gwneud nodyn o hyn wrth i Bossimus siarad)

Cyfrifus: Iawn, Syr.

Bossimus: Dyna ni, felly. Amser mynd. Cyfarfod pwysig â'r archoffeiriad yn Jerwsalem. Ave, Cyfrifus. *(saliwtio)*

Cyfrifus: Ave, Syr. *(saliwtio)*

(Exit Bossimus)

Cyfrifus: *(wrth y gynulleidfa)*
Ond hoffwn i wybod beth ddywedodd Iesu o Nasareth wrth Mathew a Sacheus i newid eu bywyd nhw mor sydyn.

Llais: Luc 5: 27–32

Pwy Ydych chi'n Ddweud ydw i?

Cefndir Beiblaidd: Mathew 16: 18–20; Marc 8: 27–30; Luc 9: 18–21

Cymeriadau: Inspector Jones
                            Sarjant Sed
                            Sarjant Car
                            Darllenydd

Offer: Mae'r olygfa'n digwydd mewn swyddfa heddlu yn ystod *case conference*. Yn yr un ffordd ag y mae plismyn yn arfer cyfarfod i drafod achos, ac yn gosod y ffeithiau gwybyddus i fyny ar fwrdd gwyn/du, mae'r cymeriadau'n dilyn yr un drefn wrth drafod y cwestiwn "Pwy ydy Iesu?". Os nad yw'n bosibl cael bwrdd gwyn/du, bydd angen gosod cardiau gyda'r penawdau canlynol arnynt fel bod modd i'r gynulleidfa eu gweld.

Pwy ydy Iesu?	Rabi?	Meseia?
Cefndir?	Consuriwr?	Egomaniac?
Cwmni?	Meddyg?	

Hefyd llyfr nodiadau a thaflen o bapur.

(Sarjant Sed a Sarjant Car i'r llwyfan, eistedd, cynnig gwm cnoi/fferins i'w gilydd, adlibio (sgwrs am bêl-droed etc). Inspector Jones i'r llwyfan. Y ddau sarjant yn codi ac yn saliwtio. Jones yn saliwtio'n ôl.)

Inspector Jones: Sed? Car? Barod am waith?

Sed a Car: Ydyn, Syr.

Inspector Jones: Iawn. Mae hanner awr gennon ni i edrych dros y ffeithiau cyn mynd at Caiaffas ac Annas. Maen nhw'n disgwyl ateb heddiw. Pwy ydy'r dyn yma?
(naill ai ysgrifennu neu osod pennawd "Pwy ydy Iesu?") Sed? Car? Rhowch eich meddyliau bach mewn gêr!

Sed a Car: Iawn, Syr! *(saliwtio)*

Inspector Jones: Reit. Y ffeithiau hyd yma.
Manylion Personol. *(gosod pennawd)*
Sed?

Sed: *(yn edrych yn ei lyfr nodiadau)*
Iawn. Man geni – Bethlehem, adeg y Cyfrifiad.
Wedi symud i Nasareth yn blentyn ifanc.
Tad – Joseff y Saer, er bod rhai'n amau hynny.
Mam – Mair. Nifer o frodyr a chwiorydd. Wedi gweithio fel saer tan yn ddiweddar pan ddechreuodd grwydro'r wlad.

Inspector Jones: Dim byd mawr yn fan yna.

Cyhoeddiadau'r Gair 2008

Car:	Syr! Rydw i wedi clywed stori am ei eni. Maen nhw'n dweud bod bugeiliaid Bethlehem wedi gweld angylion a bod tri dyn doeth o'r dwyrain wedi dilyn seren er mwyn dod o hyd iddo. Roedd yna hw-ha mawr yn Jerwsalem pan aeth y tri dyn doeth adre heb ddweud wrth Herod ble roedd y babi.
Inspector Jones:	*(yn edrych yn flin)* Ffeithiau, Car! Dyna sy'n bwysig i ni – ffeithiau. Nid dychymyg bugeiliaid Bethlehem!
Car:	*(edrych yn siomedig)* Iawn, Syr!
Inspector Jones:	Iawn. Nesaf. Cwmni? *(gosod y pennawd)* *All known associates?*
Sed:	*(edrych yn ei lyfr nodiadau)* Mae ganddo un deg dau o ffrindiau da. Cymysgedd o bysgotwyr, casglwyr trethi ...
Inspector Jones:	Casglwyr trethi? Cwmni amheus iawn.
Car:	Ac mae gan ambell un ohonyn nhw syniadau gwleidyddol amheus. Simon y Selot, er enghraifft, a Jwdas Iscariot. Rydyn ni'n amau bod rhain yn casáu'r Rhufeiniaid.
Inspector Jones:	Unrhyw beth arall?
Sed:	Mae'n perthyn i Ioan – hwnnw gafodd ei garcharu gan Herod.
Inspector Jones:	Hm! *Iffy* iawn! Ond pwy *ydy* Iesu? Dyna'r cwestiwn i ni heddiw. Sed?
Sed:	Mae rhai'n dweud ei fod yn athro neu'n rabi.
Inspector Jones:	*(gosod y pennawd)* Dim byd o'i le ar hynny. Tystiolaeth, Car?
Car:	Mae Iesu'n dysgu pobl ym mhob man.
Inspector Jones:	Dysgu beth? Syniadau chwyldroadol?
Car:	Dim byd fel yna, Syr. Dysgu am Dduw, a sut i fyw mewn ffordd sy'n plesio Duw. Dysgu beth sy'n bwysig mewn bywyd. Pwysigrwydd cariad a maddeuant.
Inspector Jones:	Wela i. *Do-gooder.* Unrhyw beth arall?
Sed:	Meddyg ffantastig, yn ôl rhai.
Inspector Jones:	Tystiolaeth?
Sed:	Digon i lenwi llyfr, Syr. Pobl ddall, cloff, byddar – hyd yn oed gwahangleifion – wedi cael eu gwella gan Iesu.

Inspector Jones: Oes gennon ni enwau? Dyddiadau? Prawf?

Car: Oes, Syr. Mae hyd yn oed yr offeiriaid yn dweud bod y bobl yma wedi cael eu gwella gan Iesu.

Inspector Jones: Hm! Mae gen i broblem fach eitha delicet ... tybed fyddai Iesu ... *(ysgwyd ei ben).* Na! 'Nôl at y gwaith. Felly, athro a meddyg. Unrhyw beth arall?

Sed: Syr. Mae rhai'n dweud bod Iesu'n gallu gwneud gwyrthiau. *(gosod y pennawd)*

Inspector Jones: Beth? Consuriwr? *Magician?*

Sed: Wn i ddim, Syr. Ond mae 'na brawf pendant fod Iesu wedi troi dŵr yn win mewn priodas yn nhref Cana.

Car: Ac roedd 'na bennawd mawr yn y papur tua chwe mis yn ôl – "Y Picnic Mwyaf erioed!" Pum mil o ddynion a'u teuluoedd yn cael eu bwydo gyda phum torth a dau bysgodyn!

Inspector Jones: Twt! Allwch chi ddim credu popeth welwch chi yn y papurau. *Sensationalism*, dyna ydy o!

Sed: Ond mae rhai o'r dynion yn barod i dystio i'r hyn ddigwyddodd, Syr!

Inspector Jones: Iawn. Rabi, Meddyg, Consuriwr ... ac rydw i wedi clywed ei fod yn dipyn bach o *Egomaniac* hefyd.

Sed a Car: *(yn edrych ar ei gilydd, heb ddeall y gair)* Yh?!

Inspector Jones: *Egomaniac*! Mae ganddo syniadau mawr amdano'i hun. Pan mae'n siarad am Dduw, mae'n awgrymu bod ganddo berthynas arbennig hefo Duw. Mae'n dweud pethau fel "Fi ydy Goleuni'r Byd", "Fi ydy'r Bugail da", "Fi ydy Bara'r Bywyd", "Fi ydy'r Ffordd".   Fi, Fi, Fi! Mae Duw wedi fy anfon *i* i'r byd. Dewch ata *i!*

Car: Ond mae'n dweud y pethau yna fel mater o ffaith. Dydy o ddim yn cymryd mantais ar neb. Dydy o ddim yn cymryd arian gan neb. A dweud y gwir, mae Iesu mor dlawd â llygoden synagog! Glywais i ei fod wedi golchi llestri gyda Martha y diwrnod o'r blaen ar ôl swper. Dydy hynny ddim yn beth normal i *egocentric!*

Inspector Jones: *Egomaniac,* ddyn! *OK!* Unrhyw beth arall ddylwn i wybod cyn mynd i weld Caiaffas?

Car: Syr! Mae rhai o'r bobl wedi dechrau dweud bod Iesu yn ...
(edrych ar Sed)

Inspector Jones: Dewch, Car – *spit it out!*

Car: ... yn Feseia, Syr!

(distawrwydd llethol am eiliad)

Inspector Jones: *(yn dawel)* Meseia! Wel, wel, wel. *(saib)*
Beth ydych chi'n ei feddwl o hynny?

Sed: Mae Iesu'n gwneud llawer o'r pethau mae'r proffwydi wedi sôn amdanyn nhw. Ond mae Iesu'n wahanol iawn hefyd.

Inspector Jones: Beth wyt ti'n ei feddwl?

Sed: Mae'r Meseia i fod i achub Israel a choncro'r holl elynion. Ond dyn tawel, addfwyn ydy Iesu. Mae ganddo ffrindiau sy'n genedlaetholwyr, ond dydw i ddim wedi clywed Iesu yn dweud gair yn erbyn y Rhufeiniaid.

Car: Ac mae'r Llyfrau Sanctaidd yn dweud y bydd y Meseia yn dod i *ddinistrio* pechaduriaid. Ond mae Iesu'n siarad o hyd ac o hyd am *achub* pechaduriaid, ac am Dduw sy'n *maddau* i bechaduriaid.

Inspector Jones: *(gosod y pennawd Meseia)*
Felly, beth ydy'r ateb? Pwy *ydy* Iesu o Nasareth? Beth ddyweda i wrth Caiaffas?
(saib)

Inspector Jones: Rydw i'n mynd i awgrymu ein bod ni'n gadael llonydd i'r boi os nad ydy o'n creu trafferth. Allwn ni ddim arestio Iesu am ddysgu, na iacháu, na gwneud gwyrthiau. Ac am y syniad yna mai Iesu ydy'r Meseia – wel! Twt! Bydd Iesu yn ei fedd ymhen ychydig flynyddoedd, a dyna ddiwedd ar yr holl helynt wedyn.

Reit! *(estyn darn o bapur i Sed a Car)* Mae angen i chi fynd draw i Fethania. Mae 'na adroddiad am *incident* mewn mynwent yno. Dyna ddiwedd y cyfarfod. *(saliwtio)*

(Sed a Car yn saliwtio hefyd, Inspector Jones yn gadael y llwyfan)

Sed: *Incident* mewn mynwent? *Exciting* iawn!

Car: Wyddost ti ddim. Efallai fod un o'r meirwon wedi atgyfodi. Ha-ha!

(y ddau'n gadael dan chwerthin)

Darllenydd: Ioan 11: 17, 38–45

Rhodd y Wraig Weddw

Cefndir Beiblaidd: Marc 12: 41–44; Luc 21: 1–4

Cymeriadau: Blwch 1
Blwch 2
Blwch 3
Rhoddwr

Offer: Blwch mawr i bob cymeriad. Arian parod ar gyfer y rhoddwr.

(Blwch 1, 2 a 3 i'r llwyfan a sefyll mewn rhes gydag ychydig o bellter rhyngddyn nhw. Pob un yn dal y blwch o'i flaen.)

1:   Ydy pawb wedi mynd?

3:   Bron iawn. Mae un arall yn dal i weddïo yng nghwrt Israel.

1:   O, brysia wir! Rydw i wedi blino'n ofnadwy. Sôn am dyrfa!

2:   Mae hi wedi bod yn brysur heddiw. Ond dyna ni, mae'n ŵyl y Pasg. Miloedd ar filoedd o bobl yn dod i aberthu i'r Deml. Wn i ddim ble mae pawb yn cael lle i gysgu yn Jerwsalem.

1:   Mae 'na filoedd yn cysgu y tu allan i'r muriau. Gobeithio y bydd hi'n sych heno!

3:   Bydda i'n falch o weld diwedd y dydd. Mae'r arian mae pobl wedi bod yn ei roi ynof i yn mynd yn drymach ac yn drymach. Bydd yr offeiriaid yn falch o'n gwagio ni heno.

1:   Byddan. Rydw i'n siŵr mod i wedi torri ...

2:   Sh! Mae rhywun yn dod ...

(Y tri'n sythu ac yn distewi. Rhoddwr yn dod heibio ac yn taflu arian i mewn i flwch 1.)

1:   Dyna ni. Rydw i *wedi* torri'r record. Dydw i ddim wedi bod mor llawn erioed o'r blaen. Beth amdanoch chi?

3:   Rydw i tua wyth rhan o ddeg yn llawn. Mae llawer o Phariseaid wedi bod yma heddiw yn gwagio'r newid o'u pocedi.

1:   *(yn troi at Flwch 2)* Rwyt ti'n ddistaw iawn heno. Diwrnod siomedig?

2:   Na.

3:   Bydd yn onest! Does neb wedi rhoi llawer ynot ti heddiw.

2:   Wel, dyna lle rwyt ti'n anghywir. Daeth rhywun ata i heddiw a rhoi mwy na neb arall.

3: Pwy?

2: Yr hen wraig weddw 'na.

1: Beth? Yr hen Rebecca? Dim ond dwy geiniog roddodd hi. Welais i'r darnau arian yn ei llaw.

2: Dim ond dwy geiniog – dyna o'n i'n ei feddwl hefyd. A dyma fi'n dweud yn ddistaw, "Paid â thrafferthu, nain fach. Dydw i ddim isio dwy geiniog fach fudr yn fy mol." Ond yna ... *(saib)*

3: Yna beth?

2: Clywais i lais yr athro newydd yna o Nasareth. Chi'n gwybod, hwnnw mae pawb yn siarad amdano – Iesu. Roedd o'n eistedd gyferbyn yn siarad gyda'i ddisgyblion. Dyma fo'n sylwi ar yr hen Rebecca. A wyddoch chi beth ddywedodd o?

1: Na. Beth?

2: Dweud ei bod hi'n rhoi mwy na neb arall.

3: Ond rhoddodd pawb ddaeth yma heddiw fwy na dwy geiniog. Dyna pam rydw i mor llawn.

2: Do, ond rhoddodd hi bopeth oedd ganddi at waith Duw. Rydw i'n siŵr na fydd hi'n galu fforddio prynu swper heno. Mae pawb arall wedi rhoi yr hyn oedd yn sbâr yn eu pocedi. Mae hi wedi rhoi'r cyfan.

1: Mae hynny'n wir. Rhoddodd Melci y Masnachwr Gwin lond dwrn o ddrachma, ond roedd ei boced arall yn llawn. Roeddwn i'n gallu gweld siâp yr arian.

3: Gwelais i Leah Llaeth yn estyn darn 5 sicl, a darn 10 sicl. Beth aeth i mewn? Y darn 5 sicl.

2: Felly, falle nad ydw i'n llawn fel chi, ond rydw i'n teimlo bod heddiw wedi bod yn ddiwrnod arbennig iawn. Rydw i wedi dal y peth mwya all rhywun ei roi i Dduw.

1: Beth ydy hwnnw?

2: Popeth!

(exit pawb)

Rhwygo Llen y Deml

Cefndir Beiblaidd:	Mathew 27: 45–54; Marc 15: 33–41; Luc 23: 44–49
Cymeriadau:	Offeiriad Gweithiwr Siop Cartrefi Clyd Caersalem (*Soft Furnishings*) Darllenydd
Offer:	Arwydd "Y Deml"; arwydd "Siop"; 2 ffôn symudol; darn o ddefnydd a thâp mesur, llyfr Tudalennau Melyn; 2 fwrdd; cadeiriau; pen/papur

(Bydd angen rhannu'r llwyfan gan arddangos arwydd "Y Deml" ar un ochr, a'r arwydd "Siop" ar yr ochr arall. Y Gweithiwr yn dod i'r llwyfan ac yn dechrau mesur defnydd – plygu etc. Yr offeiriad yn dod i'r llwyfan ac yn codi'r Tudalennau Melyn oddi ar y bwrdd, edrych am rif ac yna ffonio. Gweithiwr Siop yn ateb. (Rhaid cofio diffodd y ffonau wedi i ffôn y gweithiwr ganu!)

Gweithiwr Siop: Helô! Siop Cartrefi Clyd Caersalem.

Offeiriad: Helô! Noswaith dda. Ydych chi'n gwneud gwaith ar lenni, os gwelwch yn dda?

G S: Ydyn, Syr. Rydyn ni'n cynnig gwasanaeth llenni llawn – mesur, dewis o ddefnyddiau, gwnïo a gosod. Popeth yn gynwysiedig yn y pris.

Offeiriad: Reit. Beth am drwsio llenni?

G S: Dim problem o gwbl, Syr. Beth sy wedi digwydd – y plant wedi bod wrthi gyda siswrn? Cath fach hefo ewinedd siarp? Y wraig wedi cael *tantrum* bach?

Offeiriad: Nid jôc ydy hyn! Ydych chi'n trwsio llenni? Atebwch yn blaen, ddyn!

G S: Ww! Mae'n ddrwg gen i, Syr. Ydyn ydy'r ateb.

Offeiriad: Iawn. Ydych chi'n barod i ddod allan heno?

G S: Heno? Ond mae hi'n Saboth, Syr. A dweud y gwir, ddylwn i ddim fod wedi ateb y ffôn, hyd yn oed!

Offeiriad: Paid â phoeni am hynny. Fe wnawn ni offrymu aberth arbennig os oes angen. Ateb fi! Ddoi di allan heno?

G S: *Double pay*, Syr?

Offeiriad: Ie, ie – unrhyw beth.

G S: Iawn, Syr. Falch o fod o gymorth. Beth ydy maint y llenni, Syr? Hynny ydy, faint o waith trwsio sy arnyn nhw?

Offeiriad: Maen nhw tua ... tua ... Maen nhw'n fawr ... y llenni mwyaf welaist ti erioed. Fe gei di weld ar ôl cyrraedd.

G S: Iawn, Syr. A'r cyfeiriad?

Offeiriad: Y Deml, Jerwsalem.

G S: *(yn ysgrifennu'r cyfeiriad i lawr a'i ailadrodd wrth ysgrifennu)*
Y Deml, Jerwsalem.
(stopio ysgrifennu'n sydyn ac edrych i fyny)
Y Deml, Jerwsalem?

Offeiriad: Ie.

G S: Ga i fod mor hy â gofyn *pa* lenni sy angen eu trwsio yn y Deml, Syr?

(distawrwydd)

G S: Syr? Ydych chi'n dal yna?

Offeiriad: Ydw. Reit, mae hyn yn gyfrinachol, OK? Rhaid i ti ddod yma i drwsio'r llen rhwng y Lle Sanctaidd a'r Lle Mwyaf Sanctaidd.

G S: *(yn eistedd i lawr yn sydyn)*

Offeiriad: Helô? Helô? Wyt ti yna?

G S: Mae'n wir, felly.

Offeiriad: Beth sy'n wir?

G S: Pan fu Iesu o Nasareth farw heddiw ar y groes, rhwygodd llen y deml.

Offeiriad: Na, na. Does dim cysylltiad o gwbl rhwng y ddau beth.

G S: Beth ddigwyddodd 'te?

Offeiriad: Dydyn ni ddim yn gwybod. Daeargryn wedi rhoi straen ar y defnydd, mae'n siŵr.

G S: Ond mae'r defnydd fel carped tew! Duw sy tu cefn i hyn. Mae rhywbeth mawr wedi digwydd yn Jerwsalem heddiw. Dywedodd Iesu ei fod o'n mynd i ddinistrio'r Deml mewn tri diwrnod!

Offeiriad: Stopia rwdlan, ddyn! Wyt ti'n barod i ddod? *Rhaid* i ti ddod. Mae hyn yn argyfwng!

G S: Ond bydd rhaid i mi fynd at y Lle Mwyaf Sanctaidd i wneud y gwaith. Mae hynny yn erbyn y Ddeddf. Dim ond offeiriad sy'n cael mynd i'r Lle Sanctaidd, a dim ond y Prif Offeiriad i'r Lle Mwyaf Sanctaidd!

Offeiriad:	(*llais yn ymbil*) Plîs. Rhaid i ti ddod.
	(*distawrwydd am ychydig*)
G S:	Deg gwaith yn fwy na'r tâl arferol?
Offeiriad:	Cytuno! Mi fydda i'n disgwyl amdanat wrth y Porth Prydferth mewn hanner awr.
G S:	Iawn. (*y ddau'n rhoi'r ffôn i lawr*) Dim ond un broblem sy rŵan. Sut galla i drwsio'r llen hefo fy llygaid ar gau? Ac a oes gen i nodwydd ddigon mawr i wneud y gwaith?

Darllenydd:
Felly, ffrindiau annwyl, gallwn bellach fynd i mewn i'r "Lle Mwyaf Sanctaidd" yn y nefoedd, am fod gwaed Iesu wedi ei dywallt yn aberth. Dyma'r ffordd newydd sydd wedi ei hagor i ni drwy'r llen (am fod Iesu wedi aberthu'i gorff ei hun) – y ffordd i fywyd! Mae gennym ni'r Meseia, yn archoffeiriad gwych gydag awdurdod dros deulu Duw, felly gadewch i ni glosio at Dduw gyda didwylledd, gan ymddiried yn llwyr ynddo. Mae'n cydwybod euog ni wedi'i glanhau drwy i'w waed gael ei daenu arnon ni, ac rydyn ni wedi'n golchi â dŵr glân. Felly gadewch i ni ddal gafael yn y gobaith 'dyn ni'n ddweud sydd gennym ni. Mae Duw yn siŵr o wneud beth mae wedi ei addo! A gadewch i ni feddwl am ffyrdd i annog ein gilydd i ddangos cariad a gwneud daioni. Mae'n bwysig ein bod yn dal ati i gyfarfod â'n gilydd.
(Hebreaid 10: 19–25)

"Mae'r golau ymlaen!"

Sgets wedi'i hysbrydoli gan stori y Canon J B Phillips yn ei lyfr *New Testament Christianity*

Cefndir Beiblaidd: Ioan 1: 1–18

Cymeriadau:
Angel 1
Angel 2
Tua 7 o gynorthwywyr mewn dillad tywyll
yn dal goleuadau fflachlampau etc
Darllenydd

Offer:
Gwisgoedd traddodiadol gwyn i'r angylion
Goleuadau fflachlampau, yn amrywio o ran maint a chryfder
Un lamp neu fflachlamp lawer cryfach na'r gweddill
Dewisol: cyfarpar a chyflwyniad PowerPoint – y planedau

Mae'n well perfformio'r sgets hon mewn tywyllwch, os yn bosibl, er mwyn i'r goleuadau gael yr effaith angenrheidiol. Dylai'r ddau angel ymddangos ar y llwyfan (neu yn y sêt fawr) gyda'r cynorthwywyr o flaen y llwyfan, ond heb guddio'r prif gymeriadau a heb dynnu sylw atyn nhw eu hunain. Y goleuadau sy'n bwysig.

Mae un angel profiadol yn dangos y bydysawd i angel ifanc. Wrth gyfeirio at y gwahanol blanedau, gallwch ddibynnu ar y dychymyg a phwyntio i wahanol gyfeiriadau (ond nid at y gynulleidfa nes dod at y ddaear); neu, os ydych am fod yn fentrus, beth am ddangos lluniau o'r bydysawd gan ddefnyddio sleidiau PowerPoint.

Angel 1 ac Angel 2 i'r llwyfan

Angel 1: A dyna'r blaned Sadwrn.

Angel 2: Waw!

Angel 1: A'r blaned Iau. A'r blaned Wranws.

Angel 2: Alla i ddim credu'r peth!

(parhau fel hyn am ychydig gan ddangos rhagor o blanedau, gydag Angel 2 yn ymateb gyda syndod – ad lib)

Angel 1: A dyna ti, rwyt ti wedi gweld bron iawn y cyfan.

Angel 2: *(yn pwyntio at y gynulleidfa)*
Beth am y blaned fach honna? Dydy hi ddim yn edrych yn lân iawn.

Angel 1: Aha! Dyna'r blaned gafodd "Ymweliad".
(rhoi pwyslais arbennig ar y gair ymweliad)

Angel 2: Ymweliad? Ymweliad gan bwy?

Angel 1: Ymweliad gan ein Tywysog.
(y ddau'n moesymgrymu)

Angel 2: Allai i ddim credu bod y Tywysog wedi trafferthu gyda'r blaned ddibwys honna! Edrycha ar y creaduriaid sy'n byw yno!
(syllu ar y gynulleidfa fesul un)
Hen bethau hyll ac annymunol iawn!

Angel 1: Paid â gadael iddo Fo dy glywed di'n eu galw nhw'n hyll ac annymunol. Aeth i lawr i'r ddaear achos ei fod o'n caru'r creaduriaid hynny. A dweud y gwir, fe aeth i lawr i'r ddaear yna ar ffurf un o'r creaduriaid.

Angel 2: *(syndod yn ei lais)* Naddo!

Angel 1: Do! Ar ôl i'r creaduriaid yna gael eu creu, cawson nhw le da i fyw ar y ddaear. Ond fe wnaethon nhw droi cefn arno fo. Doedd y Creadwr ddim yn hapus gyda hynny, ac ymhen amser penderfynodd wneud rhywbeth am hyn. Fe wna i ddangos i ti beth ddigwyddodd. Fe awn ni'n ôl mewn amser. Edrycha'n ofalus ar y byd bach yna.

(Cerddoriaeth i gyfleu'r syniad o fynd yn ôl mewn amser – thema Dr Who, efallai? Wrth i'r gerddoriaeth gilio, dylai'r actorion sy'n dal y goleuadau yn y blaen ddechrau eu cynnau am ychydig eiliadau gan greu'r effaith o oleuadau bach yn goleuo ac yna'n diffodd. Mae'n bwysig fod y goleuadau'n dangos i gyfeiriad y gynulleidfa. Dydy'r person gyda'r golau mawr cryf ddim i gynnau'r golau.)

Angel 2: Beth sy'n digwydd?

Angel 1: Dyma'r byd filoedd o flynyddoedd yn ôl. Mae'r goleuadau'n dangos y bobl oedd yn adnabod y Creawdwr.

Angel 2: Does dim llawer ohonyn nhw!

Angel 1: Nac oes. Ond aros am funud ac fe weli di rywbeth rhyfeddol.

(Y golau mawr i gael ei oleuo a'i ddal yn llonydd – yr angylion i guddio'u hwynebau fel pe baen nhw'n cael eu dallu.)

Angel 2: Dyna'r ymweliad?

Angel 1: Ie. Roedd y Golau sy'n rhoi golau i bawb wedi dod i'r byd. Ond doedd y creaduriaid gwirion ddim eisio'r golau, ar wahân i lond dwrn o ffrindiau. Roedd yn well ganddyn nhw'r tywyllwch. Felly, mi wnaethon nhw ladd y Tywysog.
(y golau mawr yn cael ei ddiffodd gan adael yr ystafell mor dywyll ag sy'n bosibl)

Angel 2: Y ffyliaid dwl!

Angel 1: Dydyn ni ddim yn deall pam wnaethon nhw ei ladd. Ond dyna fo.

Angel 2: A dyna'r diwedd?

Cyhoeddiadau'r Gair 2008

Angel 1: Na! Arhosa i'r byd droi dair gwaith, ac yna fe gei di weld beth ddigwyddodd nesaf.
(Cyfrif yn uchel wrth ddefnyddio'i fys i ddarlunio'r byd yn troi – Un. Dau. Tri. Y golau mawr yn dod ymlaen eto.)

Angel 2: Dydw i ddim yn deall. Roeddwn i'n meddwl bod y Tywysog wedi'i ladd.

Angel 1: Oedd. Ond daeth yn ôl yn fyw, a choncro marwolaeth. Fe welodd rai o'i ffrindiau y Tywysog yn fyw – a sylweddoli pwy oedd o. Mab Duw. Y Tywysog!

Angel 2: Diolch byth fod gan rai ohonyn nhw synnwyr!
(y golau mawr yn diffodd)
Ond mae'r golau wedi mynd eto!

Angel 1: Ydy. Aeth y Tywysog yn ôl at ei Dad.

(Angel 2 yn dal i edrych i gyfeiriad y ddaear/cynulleidfa. Dylai'r cynorthwywyr ddechrau cynnau eu goleuadau fesul un, gan weithio o ganol y rhes at allan – fel petai'r goleuni'n lledu o'r golau mawr.)

Angel 2: Beth ydy'r goleuadau bach yna sy'n mynd ymlaen ym mhob rhan o'r byd?

Angel 1: Aeth ffrindiau'r Tywysog â'r golau allan i bobl eraill, ac aeth y golau i bob rhan o'r byd.

Angel 2: Fydd y golau'n lledu dros y byd i gyd?

Angel 1: Wn i ddim. Mae hynny'n dibynnu ar y bobl sydd wedi derbyn y golau gan y Tywysog.

(Yn dibynnu ar y lleoliad ac ar natur y gynulleidfa, gall y cynorthwywyr symud allan i'r gynulleidfa, gan rannu fflachlampau, neu hyd yn oed ganhwyllau, gan wahodd y gynulleidfa i gynnau eu golau eu hunain. Bydd hyn yn cymryd amser ac yn arwain at sŵn a symud. Mae'n well disgwyl i bawb setlo ac yna darllen yr Ysgrythur gan orffen y sgets gyda charol.)

Darllenydd:
Y Gair oedd yn bod ar y dechrau cyntaf. Roedd y Gair gyda Duw, a Duw oedd y Gair. Roedd gyda Duw o'r dechrau cyntaf un.

Trwyddo y crëwyd popeth sy'n bod.
Does dim yn bodoli ond yr hyn greodd e.
Ynddo fe roedd bywyd,
a'r bywyd hwnnw'n rhoi golau i bobl.
Mae'r golau'n dal i ddisgleirio yn y tywyllwch,
a'r tywyllwch wedi methu ei ddiffodd.

Roedd y Gair yn y byd,
ac er mai fe greodd y byd
wnaeth pobl y byd mo'i adnabod.
Daeth i'w wlad ei hun,
a chael ei wrthod gan ei bobl ei hun.

Cyhoeddiadau'r Gair 2008

Ond cafodd pawb wnaeth ei dderbyn,
(sef y rhai sy'n credu ynddo)
hawl i ddod yn blant Duw.

Daeth y Gair yn berson o gig a gwaed;
daeth i fyw yn ein plith ni.
Gwelon ni ei ysblander dwyfol,
ei ysblander fel Mab unigryw
wedi dod oddi wrth y Tad
yn llawn haelioni a gwirionedd.

Cyhoeddiadau'r Gair 2008

Sul y Palmwydd

Cefndir Beiblaidd: Mathew 21: 1–12; Marc 11: 1–11;
Luc 19: 29–44; Ioan 12: 12–19

Cymeriadau: Mam
Plentyn *(gall oedolyn wisgo gwisg ysgol a chwarae rhan y plentyn. Gall y plentyn fod yn fachgen neu'n ferch – newidiwch yr enw yn ôl yr angen)*

Offer: Brigyn coeden. Côt. Offer glanhau.

(Y fam ar y llwyfan/yn y sêt fawr yn brysur yn glanhau. Y plentyn (yn dal darn o frigyn yn ei law) yn ceisio sleifio o un ochr i'r ystafell i'r ochr arall heb dynnu sylw ato'i hun. Troi at y gynulleidfa a rhoi ei fys ar ei wefus, gan eu siarsio i fod yn dawel. Ond y fam yn sylwi ac yn sefyll mewn ffordd sy'n dangos ei bod yn flin.)

Mam: Defi John! Ble wyt ti wedi bod? Mae wedi troi wyth o'r gloch!

Defi John: *(yn edrych yn euog)*
Wedi bod allan hefo Daniel, Mam. Sori mod i'n hwyr.

Mam: Sori?! Roeddet ti i fod yn ôl erbyn pump! Rydw i wedi bod yn poeni, yn meddwl bod rhywun wedi dy gipio. Mae dy swper wedi oeri a ... Beth sy gen ti yn dy law?

DJ: *(yn cuddio'r brigyn y tu ôl i'w gefn)*
Dim byd, Mam!

Mam: Defi John? Wyt ti wedi bod yn dwyn afalau eto yng ngardd Theoffilus Huws?

DJ: Naddo, Mam.

Mam: Beth sy gen ti tu ôl i dy gefn?

DJ: Dim ond brigyn, Mam.

Mam: Beth sy mor sbesial am ... *(stopio a dechrau snwffian yn uchel, a gwneud wyneb fel petai hi'n arogli drewdod ofnadwy)*
Beth ydy'r ogla 'na?
Pw! Wyt ti wedi bod yn y sw?

DJ: Naddo, Mam.
(Mam yn gafael yng nghôt DJ ac yn ei chodi at ei thrwyn)

Mam: Mae 'na ogla baw anifail ar dy gôt di! Pam mae yna ogla baw anifail arni hi?

DJ: *OK! OK!* Rwyt ti'n waeth na Kojakus! Rydw i wedi bod yn Jerwsalem, dyna pam.

Cyhoeddiadau'r Gair 2008

Mam: Yn Jerwsalem? Ond dydyn ni ddim yn mynd i'r ŵyl tan ddydd Mercher.

DJ: Roedd Samiwel a Sergius yn cael mynd yno heddiw i weld y ffair *(rhoi pen i lawr)* ac fe es i gyda nhw.

Mam: Rhag dy gywilydd di!

DJ: Ond Mam ... cefais i amser ffantastig! Roedd 'na filoedd o bobl yno. Bron i mi fynd ar ... *(stopio yn sydyn ac edrych i lawr)*

Mam: *(llais ychydig yn galed)* Bron i ti beth, Defi John?

DJ: *(yn ddistaw)* Fynd ar goll, Mam.

Mam: Hm!

DJ: Ond wyddost ti beth, Mam? Roedd Iesu o Nasareth yno heddiw!

Mam: Beth? Iesu ddaeth â Lasarus Bethania yn fyw?

DJ: Ie. Daeth i mewn i Jerwsalem ar gefn ebol asyn.

Mam: *(yn tynnu anadl sydyn)*
"Wele dy frenin yn dod atat, yn ostyngedig ac yn marchogaeth ar asyn."

DJ: Sut oeddet ti'n gwybod beth oedd pobl yn ei ddweud yn Jerwsalem heddiw, Mam? Beth ydy'r geiriau yna?

Mam: Geiriau'r proffwyd Sechareia yn disgrifio Meseia Duw.

DJ: O! *(dim yn siŵr beth i'w ddweud am ychydig eiliadau)*
Beth bynnag, roedd pawb wrth eu bodd yn gweld Iesu. Roedd fel *celeb* yn cyrraedd mewn Rolls Royce – ond asyn oedd gan Iesu. A dyma pawb yn dechrau torri brigau coed a'u taflu o flaen yr asyn ... wedyn yn taflu cotiau ar lawr fel rhyw garped bob lliw. *(saib)* A dyna pam mae ogla anifail ar fy nghôt. Pan oedd asyn Iesu'n cerdded dros fy nghôt i, dyma fo'n ...

Mam: *(yn torri ar draws)* Iawn. Dim mwy o fanylion, os gweli'n dda. Rydw i wedi cael y pictiwr.

DJ: Ond Mam! Roedd y sŵn yn fyddarol! Pobl yn gweiddi "Hosanna!", a "Bendigedig!" ac wedyn mwy o "Hosannas!" Mwy o sŵn na phan mae Jerwsalem United yn ennill gartref!

Mam: Fuest ti'n gweiddi?

DJ: Do! Ar dop fy llais. Roedd Iesu'n edrych mor ffantastig. Ond wrth iddo ddod yn agos at waliau Jerwsalem, roedd 'na ddagrau ar ei fochau. A dywedodd rywbeth am elynion Jerwsalem, ac ymosodiad, a waliau'n disgyn. Oes rhyfel yn mynd i fod, Mam?

Mam: Nac oes, Defi John. Paid â bod yn wirion. Wnaiff neb ymosod ar ddinas sanctaidd Duw.

DJ: Mae'n ddrwg gen i am fod yn hwyr, Mam, ond wna i byth anghofio heddiw.

Mam: Na wnei – na neb arall chwaith os na chawn ni wared â'r drewdod 'na. Tyrd â dy gôt i mi, a dos i ymolchi – ar unwaith!

(DJ yn rhoi'r brigyn a'r gôt i'w fam ac yn gadael y llwyfan)

Mam: "Wele dy frenin yn dod atat." *(saib)* Tybed? *(yn meddwl)*
Twt, na. Mae hynny'n wirion. Fyddai Duw byth yn dewis rhywun o Nasareth fel Meseia.
(arogleuo'r gôt eto)
Pw!

(exit)

Y Ddafad Golledig

Cefndir Beiblaidd: Mathew 18: 10–14

Cymeriadau: Dafad 1
Dafad 2
Dafad 3
Dafad 4
(pob un yn gwisgo penwisg i gynrychioli dafad)

(Dafad 1, 2 a 3 ar y llwyfan, yn gwneud synau 'Me'. Mae angen i bob cymeriad gwneud sŵn brefu dafad wrth ddweud geiriau sy'n cynnwys y llythrennau ME drwy gydol y sgets.)

Dafad 1: Ble mae'r MEistr? Mae'n hwyr.

Dafad 2: Bydd hi'n dywyll cyn hir.

Dafad 3: Ydych chi'n MEddwl bod rhywbeth wedi digwydd? MEllt wedi ei daro?

Dafad 2: Paid â bod yn wirion. Dydyn ni ddim wedi gweld MEllt ers misoedd!

Dafad 1: Mae'r MEistr ar amser fel arfer. Yn dod yma i wneud yn siŵr fod pawb i MEwn yn y gorlan.

(Dafad 4 yn dod i'r llwyfan, a'r defaid yn cyfarch ei gilydd)

Dafad 4: Me, Dau ddeg tri!
Me, Pedwar deg un!
Me, Wyth deg saith.

**Dafad 1,
2 a 3:** Me, Pum deg.

Dafad 4: Glywsoch chi am Gant?

Dafad 3: Y ddafad gyda'r llygaid melyn?

Dafad 4: Ie. Mae hi ar goll.

Dafad 1: Ar goll? Ydy'r MEistr yn gwybod?

Dafad 4: Ydy. Mae o wedi mynd i chwilio amdani.

Dafad 3: Dyna lle mae'r MEistr felly.

Dafad 4: Sylwodd y MEistr mai dim ond 99 sydd ar ôl 'ma.

Dafad 1: Ond ble mae Cant wedi mynd?

Cyhoeddiadau'r Gair 2008

Dafad 4: Wn i ddim. Am weld ychydig o'r byd mawr, dyna ddywedodd ei ffrind gorau, Deg.

Dafad 2: Y MEipen wirion! Mae'r byd mawr yn lle peryglus iawn.

Dafad 3: Ond beth amdanon ni? Pa hawl sy gan y MEistr i fynd i ffwrdd a'n gadael ni? Beth os bydd blaidd yn dod?

Dafad 1: Rydw i'n cytuno. Dylai'r MEistr aros gyda ni. Os ydy Cant am gael ei hun mewn MEss, yna ei bai hi ydy hynny. Dylai'r MEistr fod yma, yn ein cadw ni'n ddiogel.

Dafad 4: Ond chwarae teg. Mae'n rhaid iddo fynd i chwilio. Dyna ydy gwaith Bugail.

Dafad 2: Mae digon o waith gan y MEistr i ofalu amdanon ni. Ydych chi'n cofio'r hw-ha mawr pan aeth Wyth ar goll? Y MEistr a'i ffrindiau'n dathlu tan oriau mân y bore ar ôl cael hyd iddi a'i chario adre. Hy! Gwarthus!

Dafad 1: Cytuno bob gair!

Dafad 3: AMEn!

Dafad 2: Rydw i'n MEddwl y dylen ni gael gair gyda'r NFU. Pwy ydy'r cynrychiolydd eleni?

Dafad 4: Tri deg tri.

Dafad 1: Iawn. Dewch!

(Dafad 1, 2 a 3 yn gadael)

Dafad 4: Mathew 18: 14.
Diolch byth!

Darllen: Mathew 9. Galw Mathew.

Cyhoeddiadau'r Gair 2008